아줌마와 선禪

아줌마와 선禪

초판 1쇄 발행일 2016년 1월 20일
초판 2쇄 발행일 2017년 8월 15일

지은이 임순희

펴낸이 김윤
펴낸곳 침묵의 향기
출판등록 2000년 8월 30일, 제1-2836호
주소 10380 경기도 고양시 일산서구 중앙로 1542,
635호(대화동, 신동아노블타워)
전화 031) 905-9425
팩스 031) 629-5429
전자우편 chimmukbooks@naver.com
블로그 http://blog.naver.com/chimmukbooks

ISBN 978-89-89590-56-9 03220

* 책값은 뒤표지에 있습니다.

아줌마와 선禪

임순희 지음

침묵의 향기

깨어남의 길에 한결같이 빛을 밝혀 주신 김태완 선생님,
그리고 모든 인연에 고개 숙여 감사드립니다.

머리말

2014년 연말 추운 날이었을 것입니다.

한두 달에 한 번 청주 모 선원 법회에 나가고 있었습니다. 매번 올라갈 때마다 대다수의 대중들은 익숙한데 두서너 분 정도 새로운 얼굴들을 만나게 되었습니다.

이날도 모 대학에서 보직을 맡고 있다는 중년의 교수님을 새롭게 만나게 되었습니다. 교수님은 오랫동안 불법(佛法) 공부에 뜻을 두고 있었습니다. 갖가지 몸 수행, 마음 수행을 해 왔고, 여러 분들의 설법도 들었답니다. 경전이나 어록도 다수 알고 있는 상태였습니다. 그러던 중 모 선원 카페에 올라와 있는 저의 동영상을 보고 저의 존재를 알게 되었습니다. 마침 이날 제가 온다는 소식을 듣고 참여하게 되었다고 합니다.

법회를 마치고 도반들과 늦은 저녁을 함께 하는데 마침 이분과 합석하게 되었습니다. 식사 중간중간에 그동안 수행해 온 일, 크고 작은 경험들을 말씀하셨습니다. 말씀을 들어 보니 기(氣) 체험을 비롯하여 이러저런 특별한 체험들을 하셨던 것 같습니다. 지난 체험을 말하는데, 이 공부는 어떤 특별한 체험을 말하는 것이 아니라 바로 지금 한결같은 것에 통하는 일이라고 말씀드렸습니다. 그러면서 지금도 그 체험들이 한결같으냐는 질문을 드렸더니 그렇지는 않다는 것입니다.

그런 말씀을 하지만 얼굴은 밝아 보였습니다. 식사 후 함께 차를 타고 이동하게 되었습니다. 그때 불쑥 이분이 이런 말씀을 하셨습니다.

"저 오늘 용기를 얻고 갑니다. 저도 깨달을 수 있다는 자신이 생겼어요."

제가 흔쾌히 대답했습니다.

"그럼요. 누구나 이 마음을 갖추고 있는데, 발심만 제대로 되어 있다면 남녀노소 누구나 다 가능합니다."

"맞아요. 순희도 하는데 저라고 못할라구요."

그러면서 껄껄껄 웃습니다.

저도 덩달아 웃음이 터져 나왔습니다.

"그래요. 순희도 하는데 철수라고 못하겠어요?"

'순희' 란 이름이 얼마나 평범합니까? 게다가 얼굴에 하얀 수염도 없고 도포자락을 날리지도 않으며 도인의 흔적이라고는 찾아볼 수 없습니다. 그렇다고 특별한 수행을 해 온 것도 아니고, 불교에 대한 지식이 풍부한 사람도 아닙니다. 그저 아이 낳고 키우다가, 공부에 인연을 맺게 되었습니다. 생활의 일부처럼 법문을 듣고 마음을 여기에 두다 보니 홀연 모든 거짓과 허위에서 깨어났을 뿐입니다.

평범하여 특별함이라곤 찾아볼 수 없는 아줌마 순희.
이 사람이 하는데 자기라고 못하겠느냐는 것이죠.

그렇습니다. 누구나 가능합니다. 특별한 자격이나 지위, 성별을 요구하지 않습니다. 모든 치장을 놓아 버리고 오로지 진실에 간절한 뜻이 있다면 어렵지 않습니다. 우리가 하루하루 경험하는 모든 일이 바로 이 일입니다.

순희도 하는데 철수라고 못할라구요.

바로 눈앞에 길이 있습니다.
떠날 수 없는 길이고 옮길 수 없는 길이고, 잡을 수 없지만 사통팔달 어디든 통하지 않은 곳이 없는 이 길. 단 한 걸음도 떼기 전에 분명하다면 그저 앉은 자리에서 온 우주를 꿰뚫어볼 것입니다.

금정산 아래에서

임순희 합장

차례

1장

꿈의 여정

1. 자각

늘 파란 바다가 눈앞에 펼쳐져 있었습니다. 그때를 생각하면 왜 푸른 하늘과 맞닿아 있는, 그래서 그 하늘을 닮은 바다가 생각날까요? 그런데도 우리 집은 바닷가에 있지 않았습니다. 해변 가에서 버스를 타고 20여 분 한라산 정수리 방향을 향해 올라가야 했습니다.

모두가 아는 얼굴들. 많아 봐야 50~60여 가구인 작은 동네이지만, 그때는 거기가 세상의 전부였습니다. 조금 높은 곳으로 올라가면 바다가 보였습니다. 뒤를 돌아보면 한라산의 깊은 골짜기와 능선들이 선명히 드러났습니다. 꼭 올라가 보고 싶지만 올라가면 안 될 것 같은 신령스러운 산이 거대하게 가로막고 있었습니다. 앞을 보아도 막막한 것은 마찬가지였습니다. 파란 바다가 하늘을 향해 끝없이 펼쳐져 있었습니다.

그때의 고향은 늘 이런 느낌이었습니다. 그 시절, 선명하게 떠오르는 한 분이 계십니다. 5학년 때 담임을 맡은 선생님입니다. 까무잡잡한 얼굴, 두껍지도 얇지도 않은 쌍꺼풀, 머리가 빠지기 시작했는지 옆머리를 앞으로 돌려 얹은 듯한 헤어스타일, 화도 잘 내셨던 것 같습니다. 그런데 왜 제게는 웃는 얼굴만 남아 있는지……. 그분은 어릴 때 소아마비에 걸려 한쪽 다리를 절고 계셨습니다. 우리 동네 학교로 출근하려면 시내 저편 먼 시골에서 버스를 두어 번 갈아타고 두 시간 가까이 걸리는 거리를 매일 출퇴근하셨습니다.

그런 선생님에게서 특별한 면을 보았습니다. 전혀 매를 들지 않았습니다. 제게는 혁명적인 일이었습니다. 시골 학급에 제대로 예절 교육을 받지 못한 아이들이 수두룩했고 60명이 넘는 아이들을 가르치는데도 전혀 매를 들지 않았습니다. 매로 길들여진 아이들이 매를 들지 않는 선생님을 만났습니다. 선생님이 뒤돌아 칠판에 글이라도 쓰려 하면 떠들기 일쑤였습니다. 그럴 때마다 뒤돌아서서 야단을 치셨지만 결코 매를 든 일이 없었습니다. 아이들은 어느새 이런 선생님의 성향을 파악하고는 틈만 나면 떠들어 댔습니다. 돌아서면 떠들고, 자리를 비우면 책상 위를 뛰어다니고. 가끔 교탁에서 분필 조각이 휙휙 날아오긴 했지만 그래도 매를 들지 않았습니다.

어느 더운 날, 선생님이 칠판에 하얀 분필로 크게 '자각'이라는 글자를 쓰셨습니다. 제 기억에는 한글 '자각'이 아닌, 한자 '自覺'으로 남아 있습니다. 하지만 그때 선생님은 한글로 썼을 것입니다. 시골 국민학생들이 한자를 알 리 만무했으니까요. 그날 이후 이 단어가 제

가슴에 박혀 버렸습니다. 아마 선생님은 이런 말씀을 하셨던 것 같습니다. "스스로 반성하는 삶을 살아야 훌륭한 사람이 될 수 있다. 훌륭한 사람이 되고 싶은 사람은 이 글자를 가슴에 새겨라."

저는 무조건 훌륭한 사람이 되고 싶었습니다. 이 두 글자는 당시 반 아이들에게는 결코 어울리지 않는 말이었습니다. 평범한 시골 아이들, 그저 오후에 연못에 가서 개구리나 잡을 생각을 하는 녀석들에게는 너무도 격조 높은 말이었습니다. 그런데 그 말을 가슴에 새기고 말았습니다. 그냥 제 말인 것 같았고, 그렇게 살아야 할 것 같았습니다.

그때부터인가. 선생님의 말씀대로 저를 돌아보게 되었습니다. 제 일상을 돌아보고, 제 삶을 돌아보려고 했습니다. 그런데 특이할 것도 없는 평범한 나일 뿐이었습니다. 그때는 그저 일기 쓸 때 하루일과를 돌아보는 가벼운 심정이었을 것입니다. 그런데 이게 깊어지는 것입니다. 나를 돌아보니, 내가 누구인지 몰랐고, 나의 삶을 돌아보니, 삶이 무엇인지 몰랐습니다. 중고등학교 때 도덕 시간에 강조하던 삶의 목표가 '자아실현'이라는 말이 무엇인지 몰랐습니다. 자아가 무엇이지? 선생님들에게서 시원한 설명을 들을 수 없었습니다. 자아가 무엇인지 알아야 실현을 할 텐데 모호할 뿐입니다.

이로 인해 소망이 하나 생겼습니다. 인생이 무엇인지, 삶이 무엇인지 설명해야 할 것 같았습니다. 그것을 모르고 어떻게 인생이란 것을 살며, 삶이란 것을 살 수 있을까? 그냥 알아야 할 것 같은 열망으로 가득했습니다. 결국 이 열망이 넘쳐, 알려는 욕망마저 소진되어 버렸을 때가 되어서야 깨닫게 되었습니다. 알려는 이것이 문제의 출발이자, 문제가 사라지는 지점이라는 것을.

그분은 종교적인 색채를 띠고 얘기하지 않았습니다. 심오한 뜻을 담고 얘기하지 않았습니다. 그저 우리들 수준에 맞게 그 말을 기억하면 아주 훌륭한 사람이 된다는 말씀을 하셨습니다. 어쩌면 아무런 가르침의 의도 없이 당신 삶의 태도를 가볍게 내비쳤을지도 모릅니다. 그런데 그 아무렇지도 않은 말이 제게는 커다란 의문을 심어 주었습니다.

아주 사소한 몸짓이 삶에 커다란 파문을 일으킬 수도 있고 그렇지 않을 수도 있습니다. 아주 사소한 것이 어떻게 인연 맺어지느냐에 따라 값을 매길 수 없는 보배가 되기도 하고 정반대의 물결을 일으키기도 합니다.

자각(自覺)!

반성을 넘어 성찰의 도구가 되었습니다. 그리고 참된 자신을 만나는 열쇠말이 되었습니다.

2. 참을 수 없는 존재의 가벼움

삶을 떠올리면 맨 먼저 느껴지는 것이 무거움이었습니다. 왜 그렇게 느껴졌는지 모릅니다. 성장과 함께 삶에 대한 감각이 열리면서 삶을 생각하면 무겁고 짐스럽고 어두운 느낌이 들었습니다. 아마 삶이란 무엇인지 뚜렷하게 그려지지 않았기 때문이기도 했겠지만, 살아 있다는 것, 살아간다는 것이 버거웠기 때문일 것입니다.

제 삶이 다른 이들과 비교해서 그다지 힘들었던 것 같지도 않습니다. 여느 농가의 가족들이 살아가는 그림에서 더 낫지도 못하지도 않은 생활이었습니다. 풍족한 반찬은 아니지만, 밥을 굶어 본 적이 없고, 밥을 못 먹을 날이 올 것이라는 불안도 없었습니다. 그러나 그 외의 것에서는 만족감을 못 느꼈습니다. 배가 고픈 것은 아닌데 허기가 늘 남아 있었습니다. 부모님은 시도 때도 없이 불화를 연출했습니다. 그런데도 결코 헤어지지 못할 분들이라는 것을 알았습니다.

어린 시절 제가 집에서 주로 했던 일은 하루 종일 일하고 돌아오신 부모님들을 위해 씻을 물을 길어다 끓이는 것이었습니다. 까마득한 어둠이 내려야 집으로 돌아오신 부모님은 더러워진 몸을 씻었습니다. 그러고는 부랴부랴 늦은 저녁을 챙겨서 드신 후 잠자리에 쓰러지기 바빴습니다. 부모님은 늘 의견충돌을 보였지만, 참으로 열심히 사셨던 것 같습니다. 언제나 일찍 밭에 나가고, 언제나 동네에서 제일 늦게 집으로 돌아왔습니다.

지금도 어머니는 돌아가신 아버지를 생각하며 다른 말씀은 안 하시고 "술은 많이 마셨지만 밭갈쇠(밭을 가는 소)처럼 일은 열심히 했다."고 말씀하시곤 합니다. 두 분 다 생존을 위해 그때를 사셨습니다. 가족 모두의 생존을 위해 온갖 무게를 짊어지고 밭을 가는 소처럼 쉬지 않고 일했습니다. 그러다 일이 몸에 부치면서 들이키기 시작한 소주가 나중에는 아버지를 일찍 돌아가시게 했습니다.

부모님 역시 무거운 삶의 무게에 짓눌려 살았을 것입니다. 삶이 짐스럽고, 하루 세끼 목구멍으로 밥을 들여 넣는 숟가락의 무게가 한없이 무거웠을 것입니다. 그러나 그러한 부모님의 삶을 이해하기에는 저는 너무 어렸습니다.

그때 육남매의 육아는 외할머니가 담당하셨습니다. 시간이 날 때마다 우리 집으로 오시거나 할머니 집으로 우리를 부르곤 했습니다. 집으로 찾아오는 할머니의 때가 꼬질꼬질한 가방에는 늘 어린 외손

녀들을 위한 간식이 들어 있었습니다.

중학생 때였습니다. 외할머니 나이 팔순이었습니다. 이제 어린 시절의 정겨운 이미지보다는 쭈글쭈글하고 깨끗하지 못한 이미지로 내려앉아 버린 할머니가 그날도 우리 집에 가방을 들고 오셨습니다. 외손녀들에게 나눠 줄 자연의 간식거리를 담고 오셨습니다. 그런데 할머니의 가방보다 할머니의 모습이 먼저 제 눈에 들어왔습니다. 꾸부정하고 잘 걷지도 못하고, 숨을 헐떡거리는 할머니. 할머니는 아픈 몸을 이끌고 오신 것입니다. 집에는 우리들밖에 없었습니다. 부모님은 밭에 나가서 귤 과수원을 일구시느라 여념이 없었습니다.

집에 들어오신 할머니가 숨을 헐떡거리며 가방을 내려놓는데, 기분이 이상했습니다. 예전에 비해 아주 많이 수척해져 있었습니다. 오래 앉아 계시지도 못한 할머니는 이제 집으로 돌아가시겠다고 했습니다. 무슨 생각이 들었는지 할머니께 제가 업어다 드린다고 말했습니다. 할머니는 거역할 힘도 없으셨는지 순순히 제 등에 업히셨습니다.

할머니를 힘껏 업어 올리는데 몹시도 가벼워서 깜짝 놀랐습니다. 허깨비를 업은 것 같았습니다. 그러면서 심장의 강렬한 움직임과 종잇조각이 부스러지는 듯한 거친 숨소리가 등을 타고 전해졌습니다. 할머니 댁으로 가는 내내 이것은 고스란히 나의 문제로 옮아갔습니다. 어쩌면 나라는 존재도 이렇듯 덧없고, 가볍지 않을까? 인간이 이렇듯 허무하고, 가볍고, 의미 없는 존재가 아닐까? 그 후 할머니는 한 달을 넘기지 못하고 돌아가셨습니다. 제게 처음 주검을 목격하게 했습니다. 당시는 집에서 장례를 치렀고, 동네 주민들이 이 의식에 참여했으며, 아주 열린 상태로 진행되었습니다.

입관을 하기 전, 온가족이 둘러싼 가운데 돌아가신 할머니의 얼굴을 보게 되었습니다. 그런데 그 얼굴이 너무도 평안해 보였습니다. 주검을 처음 보는 것에 대한 두려움이 컸었는데, 할머니의 얼굴은 밝았고, 편안하고, 가볍기조차 했습니다. 어쩌면 죽음이란 어두운 것도 아니고, 무거운 것도 아니고, 두려운 것도 아닐 것이라는 생각을 하게 되었습니다. 이후 친할머니의 주검을 보았고 아버지의 주검을 보았지만 세 분의 표정은 똑같았습니다.

특히 아버지의 고단한 삶을 누구보다도 잘 알고 있었고, 어린 나이에 가장이 되어 척박한 자갈밭과 같은 삶을 일구어 온 아버지이기에 밝게 웃는 표정을 별로 본 적이 없었습니다. 삶의 무게에 짓눌려 술잔을 들이키시는 모습은 세상에서 가장 무거운 삶을 사는 듯했습니다. 그러나 그 고단한 인생들이 하나같이 모든 짐을 내려놓은 듯 '고이' 잠에 드셨습니다.

3. 방황

하루하루 입시 준비에 매달렸던 고등학교를 졸업하고 대학에 입학했습니다. 누구나 낭만적인 곳으로 떠올릴 수 있는 섬, 제주도였으나 저는 늘 떠나고 싶은 곳이었습니다. 어릴 때부터 부모님은 행복한 모습을 보여 주지 않았습니다. 무언지 모를 허망함과 불안 속에서 어린 시절을 보냈습니다. 집을 떠나 안정을 찾고 싶었습니다. 고등학교 때는 제법 공부를 열심히 한 편이었는데, 그 이유가 집을 떠나기 위해서였습니다. 집안이 넉넉한 편이 아니었습니다. 부모님은 경제적 부담을 감수하면서까지 딸아이를 바다 건너 육지에 있는 대학에 보낼 생각은 없었습니다. 그래서 저는 오로지 공부를 열심히 함으로써 섬 밖으로 나갈 기회를 만들 수밖에 없었습니다.

운 좋게 어느 지방의 사범대학교에 입학했습니다. 거의 무상으로 교육을 받을 수 있었고, 기숙사 생활도 경제적 부담이 거의 없었습니다. 그렇게 막상 섬은 나왔지만 제게 주어진 삶, 끝 모를 인생길 위에서 어떻게 살아가야 할지는 알 수 없었습니다. 저는 저 자신에 대해 명확히 알고 싶었고, 삶이 무엇인지 설명하고 싶었습니다. 큰 바다에 떠서 키도 없고 노도 잃어버린 배처럼 부유하는 삶을 산다는 것이 견디기 힘들었습니다.

그래서 선택한 것이 소설 창작이었습니다. 소설가들은 삶을 너무도 잘 아는 것 같았습니다. 작가가 되면 삶을 명쾌하게 설명할 수 있을 것이란 기대가 컸습니다. 철학도 관심이 있었지만, 지식에 머물러 있는 것 같았고 심리학도 심리과학의 인상이 짙어 이론에 치우칠 것만 같았습니다.

작가는 늘 삶을 탐구해야 하고 그것을 소화해서 글로 표현합니다. 삶에 귀를 기울이고 실제 겪어 보고 유심히 들여다보아야 합니다. 젖은 옷을 입어 보지 않고 눈물 젖은 빵을 먹어 보지 않은 사람은 작가가 될 수 없다는 말이 뭔가 실감나는 삶을 얘기해 주는 것 같았습니다. 그렇게 습작은 시작되었지만 늘 한계를 느꼈습니다. 어린 시절부터 글쓰기에 관심을 가졌던 것도 아니고 기본적인 자질도 없었습니다. 문장을 쓰고 보면 문법에 어긋난 것투성이었고, 상상력은 바닥이 훤히 보이는 수준이었습니다. 늘 쓰고 버리는 좌절의 연속이었습니다. 당시에 문학상을 탄 작가들의 작품을 베껴 보기도 했지만 내 문장이 아니기에 다시 내 글을 쓰려 하면 여전히 몰골이 훤히 보이는 초라한 글밖에 나오지 않았습니다. 여기저기 작가들의 출판기념회도 다니며 인터뷰도 해 보고 문예 아카데미에 등록해 창작 공부도 해 보았지만 신통치 않았습니다.

인생이라는 모노레일 위에 올라서서 어디로 가는지 모르는 불안감은 여전했습니다. 앞날을 끊임없이 알려고 노력하고, 어디로 가야 할지 계획하고, 그 계획에 따라 힘차게 나아가야 마땅할 것 같은데, 이상과 현실은 늘 딴판이었습니다. 나조차 누구인지 모호한데 어디로 가야 할지는 더욱 몰랐습니다. 뭔가 분명해야 할 것 같은데 아무것도 분명한 것이 보이지 않았습니다. 영혼은 불안에 떨었고 뭔가 의지할 만한 것을 찾았습니다. 종교도 생각해 보았지만, 제가 알고 있던 종교란 무턱대고 믿어야 하는 최면 같아서 마음이 가지 않았습니다. 적어도 내 삶은 주체적으로 살아야 한다는 믿음은 버릴 수가 없었습니다. 맹목적인 믿음이 아니라 납득할 수 있는 믿음이어야 했습니다.

그렇게 20대를 보내고 인생에 새로운 전환점을 맞이하였습니다. 제 인생에 큰 비중을 차지하고 있지 않았던 결혼을 선택한 이유를 곰곰이 돌아보면 아마 작가적 소망의 표현이었을지도 모릅니다. 삶을 철저하게 살아 보지 않고는 글을 쓸 수 없다는 의식. 그저 상상만으로 쓰는 글은 생명력이 없었습니다. 한 번도 아기를 낳아 보지 않은 처자가 아기를 낳고 기르며 삶의 희로애락을 느끼는 일을 어떻게 표현할 수 있을까요? 물론 가능하기는 하겠지만 저에게는 불가능한 일이었습니다. 실제 삶, 경험하는 삶, 부딪치는 삶에 이끌렸고 실감이 진실을 푸는 열쇠 같았습니다.

4. 만남 1

참 고맙고 다행스러운 인연입니다. 남편도 그렇고 남편으로 인해 알게 된 세계도 그렇습니다. 같은 대학에서 알게 되었지만, 대학 시절에는 남편이 될 것이라는 생각은 꿈에도 없었습니다.

낯설지 않았습니다. 오랫동안 만난 적이 없었는데도 엊그제 만남처럼 익숙했습니다. 그의 정신세계가 낯설지 않았고, 그의 불안한 세계가 저를 닮았습니다. 그가 철학 등 이지적인 세계에 매료되어 있다면, 저는 문학이라는 좀 더 삶에 가까운 소재에 빠져 있었습니다. 아마 둘 다 현실에 대한 불만족과 불안 때문에 무언가를 갈구하고 있었던 것 같았습니다.

더 자세히 알 필요도 없을 것 같은 느낌이 있었습니다. 그의 정신세계와 저의 세계가 이질적이지 않기에 그로 인해 제가 침해받을 일은 없을 것 같았습니다. 그래서 주저 없는 선택을 했던 것 같습니다.

그는 매일 퇴근하고 오면 자기 방에 들어가 선어록 등 불교 서적을 탐독했습니다. 저는 아이가 잠든 때를 기다려 밤늦게 습작을 했습니다. 깊은 밤 이야기에 빠져 있다 보면 시간이 지나는 줄 몰랐습니다. 쓰고 난 뒤 글을 보면 마음에 들지 않았지만, 뭔가에 몰입해 있을 때 아무런 삶의 무게도 없이 생생하게 살아 있는 느낌을 받았습니다. 아마 잠을 쫓아내면서 글을 쓴 이유는 작품의 탄생보다는 이 몰입감이 주는 묘한 매력이 더 컸던 것 같습니다.

그러던 중 시아버지가 갑자기 쓰러져 돌아가시는 일이 생겼습니다. 그때 시댁은 인천에 있었는데, 부랴부랴 비행기를 타고 병원 장례식장에 갔습니다. 가 보니 아버님은 주검으로 누워 계셨습니다. 어제 저녁에 손녀와 통화하고 싶다고 전화를 주셨던 분이 이렇게 누워 계셨습니다. 할머니 두 분, 친정아버지, 그리고 바로 밑의 동생까지 이별한 경험이 있지만, 아버님의 시신은 참으로 당혹스러웠습니다. 누구도 예외일 수 없는 죽음에 대한 의문이 크게 밀려들었습니다. 정신없이 장례를 치르고 부산으로 내려가는 길에 남편은 서울에 있는 모 선원의 스님을 뵈러 가자고 했습니다.

교사인 남편은 방학 때면 전국 사찰에서 열리는 수련회를 찾아다녔습니다. 틈만 나면 요가를 배운다, 선원을 찾아다닌다 바빴는데, 그때 마침 지금은 돌아가신 스님과 인연이 맺어져서 인천에 올 일이 있을 때마다 혼자 찾아뵙곤 했습니다. 그런데 장례식이 끝난 뒤 제가 처음 동행하게 되었습니다. 스님 세계에 문외한인 저는 어떻게 인사를 해야 하는지조차 궁금했습니다. 남편은 스님과 대화하는 방법이 따로 있다면서 마침 아버님도 돌아가셨고 하니 제게 이렇게 질문해 보라고 했습니다. "사람이 죽으면 어디로 갑니까?"

스님은 기대와 달리 하의는 승복 바지를 입었지만 상의는 내복 차림으로 방에 앉아 계셨습니다. 방 한 켠에는 책이 빼곡히 쌓여 있었고, 한쪽 벽에는 서옹 스님의 인가증이 액자에 걸려 있었습니다. 스님은 밤에 잠자리 겸용으로 쓰는 듯한 요 위에 그대로 앉아 계셨습니다. 참 소박한 모습이었습니다. 안부 인사를 드리고 마침 질문해야 할 것 같아서 준비해 온 말을 했습니다.

그러자 그분은 다른 말씀은 하지 않으시고 "그게 다 생사해탈을 못해서 그래."라고 잘라 말씀하셨습니다. 그래서 저는 다시 물었습니다. "생사해탈을 하려면 어떻게 해야 합니까?" "성성적적하기만 하면 돼."

듣도 보도 못한 말이었습니다. 돌아오는 길에 남편에게 물어보니, 성성은 초롱초롱하다는 뜻이고, 적적은 고요하다는 뜻이랍니다. 성성적적(惺惺寂寂)! 어째서 초롱초롱하고 고요하기만 하면 죽어서 어디로 가는지 알 수 있단 말인지 참으로 모를 일이었습니다.

5. 만남 2

2001년을 보내면서 행과 불행이 극단적으로 교차하는 경험을 했습니다. 결혼하고 저를 따사롭게 감싸 주셨던 시아버님이 갑자기 돌아가셨고, 연말 신춘문예에서 소설이 당선되었습니다. 돌아가신 친정아버지가 살아온 인생 이야기를 소설로 써서 고향 일간지에 투고했는데, 당선이 된 것이었습니다. 가까운 사람의 생명이 갑작스레 꺼져 버리는 불행과 지난 10년 동안 염원해 왔던 행복이 한꺼번에 밀려왔습니다. 이제 작가가 된 것입니다. 당선이란 바로 소설가가 되었다는 뜻이었습니다.

그런데 별로 기쁘지 않았습니다. 아무런 문제도 해결되어 있지 않았습니다. 삶이 분명해진 것도 아니고 내가 분명해진 것도 아니었습니다. 사실 당선된 작품도 실재가 아닌, 지난 삶을 재료로 재구성하여 지어낸 가상세계였습니다. 실제 친정아버지는 결코 그렇게 살아오지 않았습니다. 당선된 글을 더 이상 보고 싶지 않았습니다. 그것은 삶을 설명한 것이 아닙니다. 그저 이야기일 뿐입니다. 글자를 도구로 그림을 그린 것입니다.

더 이상 글을 쓰지 못했습니다. 답이 보이지 않는 미궁 속을 헤매보았자 실망만 커질 것 같았습니다. 작가가 되면 허전함이라든가, 불만족이라든가, 끊임없는 불안이 해소될 줄 알았는데, 그렇지 않았습니다. 삶의 이면은 여전히 비밀에 싸여 있고 이런 방법으로는 명확히 밝힐 수 없을 것이라는 예감이 들었습니다. 애초에 작가가 되려 한 이유는 불명확하고, 알 수 없고, 예측할 수 없는 '삶을 명백히 설명하는 것' 이었습니다. 그러나 글은 이 문제를 전혀 해결해 주지 못했습니다. 그저 그럴 것이라는 상상의 이야기일 뿐이었습니다. 이제는 어떠한 것에도 희망이 보이지 않았습니다. 어떻게 가야 할지 길이 보이지 않았습니다.

그렇게 고민하고 있을 때 남편 서재에 있던 불교 서적을 들여다보기 시작했습니다. 저도 모르게 자연스럽게 끌려 들어갔고, 그때쯤 남편은 어느 선생님을 알게 되어 선생님의 법회에 꾸준히 참석하고 있었습니다. 어느 날 제 솔직한 심정을 털어놓았습니다. 그러자 대뜸 남편이 말했습니다. "선생님을 만나 보면 그 모든 문제가 단박에 해결될 수 있어."

마치 복권에 당첨되어 모든 재정적인 문제를 해결하는 것처럼 삶의 모든 문제를 해결한다는 것이었습니다. 삶의 문제를 한 방에 해결한다니 지푸라기라도 잡고 싶은 심정이었습니다. 게다가 만날 의향이 있다면 만남을 직접 주선해 주겠다고 적극적으로 나섰습니다. 마음이 동하지 않을 수 없었습니다. 그때가 2003년 초입이었을 것입니다.

글을 써 왔기에 습관대로 질문할 거리를 미리 수첩에 적어 보았습니다. 무슨 내용인지는 잘 기억나지 않지만, 아마 진실이 있는지, 진실이 있다면 그게 무엇인지, 진실을 알려면 어떻게 해야 하는지 대략 이런 내용을 서른 문항쯤 정리했습니다. 빼곡히 적힌 수첩을 들고 당시 부산남산동에 있던 선원에 남편과 함께 찾아갔습니다. 그때가 2003년 초봄이었습니다. 오라버니 같은 친근한 인상의 선생님은 먼저 설법을 들어 보고 얘기를 하자고 말씀하셨습니다.

한 시간 법문을 듣고 보니 딱히 질문할 것이 사라지는 느낌이었습니다. 한 시간 내내 마음이 모든 것을 만든다고 반복하여 말씀하셨는데, 이 마음이 무엇이냐 하면 '바로 이것' 이라 하면서 검지손가락을 흔드셨습니다. 일견 수긍이 갔습니다. 만법의 근원이라면 모든 것의 근원이라야 하고 바로 지금 일어나는 모든 것의 근원이니 눈앞을 떠난 것이 결코 아닐 것입니다. 이해가 가고 맞는 말씀이었습니다.

법회가 끝나고 한 시간가량 면담을 했는데, 한두 문제만 묻고 다른 준비한 문제들은 질문을 하지 못했습니다. 마음이 모든 것을 만드니 마음만 깨달으면 모든 문제를 해결할 것이 자명했습니다. 그래서 다시 마음이 무엇이냐고 물으니 법회 때와 똑같이 손가락을 눈앞에서 흔드는 것이었습니다. 그런데 모르겠습니다. 아무것도. 거짓말을 하는 것 같지는 않은데, 모르겠습니다. 설마 손가락 흔드는 이 단순한 일이 마음은 아닐 것이구요.

그렇게 만난 후 도반들이 지은 점심 공양을 함께 하고 돌아왔습니다.

6. 그날

그날은 잔뜩 화가 나 있었습니다. 하루 종일 선생님의 법문을 들었습니다.

2003년, 당시에는 큰아이 하나만 있었고 다섯 살이었습니다. 유치원에 다니기 시작하면서 선원에 다닐 수 있는 여유가 생겼습니다. 매일 아침 선원에서는 작은 법회를 했습니다. 참가하는 사람이라야 저와 20대 초반의 한 도반이었는데, 그이는 이미 본성을 체험했다는 얘기를 전해 들었습니다. 선생님은《육조단경》을 읽고 번역한 후 그 내용을 설법하셨습니다. 선생님이 한문을 한글로 번역하면 젊은 도반이 번역한 내용을 노트북에 기록했습니다. 두 분은 이미 공부가 많이 된지라 온화한 분위기 속에서 미소가 끊이지 않았습니다. 저 혼자 얼굴이 붉어져서 있는 듯 없는 듯 조용히 듣고만 있었습니다.

선원에 다니고 법문을 들은 지 6개월이 지나는 시점이었습니다. 처음 선생님과 면담하고 이 길밖에 없다는 확신을 얻었고, 첫날의 면담을 통해 강렬한 인상을 받았습니다. 그날 이후로 아이를 유치원에 보내자마자 바로 집을 나와 선원으로 향했습니다. 당시에는 선생님의 설법 내용이 카세트테이프에 복사되어 판매되었습니다. 설법 테이프를 사서 매일 들었습니다.

선원 갈 때, 지하철 타고 집에 올 때, 집에 와서 아이를 돌보거나 놀이터에 갈 때, 설거지할 때, 잠잘 때까지 쉬지 않고 법문을 들었습니다. 그냥 너무도 궁금하여 자연스럽게 그리되었습니다. 뭔가 손에 잡힐 것처럼 가까이 있는 것만은 분명한데 저만 모르고 있는 듯한 느낌이었습니다.

그렇게 2003년 봄에 시작된 공부가 가을로 넘어가고 있었습니다. 그때는 한 시간 거리의 선원이 너무 멀어 선원 근처에 이사를 하고 난 후였습니다. 선생님은 늘 검지손가락을 까딱거리며 이게 법이라고 말씀하셨습니다. 9월 어느 날 저는 누구에게랄 것도 없이 잔뜩 화가 나 있었습니다. 손에 잡힐 듯 잡히지 않아 감질나 있었고, 온몸의 털구멍에 물음표가 박힌 것처럼 몹시도 궁금했습니다.

모든 것이 이 한 개의 마음이라니, 무엇을 하든 의문이 치솟아 올랐습니다. 산책을 할 때, 설거지를 할 때, 길을 걸을 때, 하늘을 볼 때, 아이가 그네에 앉아 흔들흔들 움직일 때도, 이게 법이라는데…… 하는 의문이 꼬리에 꼬리를 물고 일어났습니다. 그런데 모르겠습니다. 그러다가 법문이 대충 정리되는 느낌이 들었습니다. '드러나는 대상경계는 아니다. 그러나 대상경계가 드러날 때 떠나 있는 것이 아니다.' 이런 정리가 되면서 매 순간 답답하기는 한데 어떤 대상에도 마음이 가지 않게 되었습니다.

마침 선생님이 《육조단경》 원문을 읽고 해석을 하고 계셨습니다. 도명 상좌가 대유령까지 따라와서, 혜능 스님이 오조 홍인 선사에게 받은 옷과 발우를 빼앗으려는 장면이었습니다. 그러나 제겐 이 내용이 귀에 들어오지 않았습니다. 제 가슴에 뜨거운 물그릇 같은 것이 들어앉아 있어서 이러지도 저러지도 못하는 심정이었습니다. 꺼내어 내다버릴 수도 없고 찬물을 끼얹어 식힐 수도 없는 안절부절못하는 상황이었습니다. 갑자기 선생님을 향해 이런 말이 터져 나왔습니다. "선생님, 거짓말 하나 보태지 말고 말씀해 주세요. 정말 이 손가락 까딱하는 게 법인가요?"

선생님을 부여잡고 진실만을 있는 그대로 얘기해 달라고 다그치고 싶은 심정이었습니다. 그 말을 듣고 선생님께서 빙그레 웃으셨습니다. 그러더니 아무 말 없이 저를 바라보며 다시 손가락을 들어 예의 그 동작을 반복했습니다.

그때 저 손가락에 법이 있을 거라는 생각은 아예 하지도 않고 있었습니다. 그런데 그 손가락을 쳐다보는데 손가락이며 선생님 얼굴이며, 젊은 도반의 모습이며, 책상, 컵 이런 것들이 영화의 페이드아

웃 장면처럼 스르륵 멀어지는 느낌이었습니다. 눈앞에 말로 꼭 집어 표현하기 어려운 생생한 것이 순간 느껴졌습니다. 얼마의 시간이 지났는지 모릅니다. 아마 그리 길지 않은 시간이었을 것입니다. 멍하니 있다가 정신을 차려 보니 선생님과 젊은 도반이 잔뜩 호기심 어린 표정으로 저를 보고 있었습니다.

그러나 제 입에서는 "아, 잘 모르겠는데요."라는 말이 나왔습니다. 뭔가 평소와 다른데 그걸 어떻게 말해야 할지, 그게 뭔지도 몰랐습니다.

"모르면 지나간 거고."

선생님은 다시 법문을 하셨습니다. 그런데 얼마의 시간이 지났을까? 옆에서 노트북의 키보드 두드리는 소리가 들렸습니다.

탁탁 타타닥. 타다닥 타닥.

그 소리가 너무도 생생하게 들렸습니다.

'아, 이거구나. 탁탁 타다닥!'

"아, 이거네요. 탁탁 타다닥! 너무나 생생한데요?"

스스로가 울림통이 된 것처럼 깊이를 알 수 없는 곳에서 타타닥 소리가 일어나고 있었습니다. 뭐가 있는 게 아니라 그냥 알 수 없는 데서 일어나고 있었습니다. 그런데 이게 늘 있었던 일이었습니다. 여기에 대한 관심이 없었을 뿐이지, 어릴 때도 느꼈던 것이었습니다. 어느 무엇으로도 깨뜨릴 수 없는 살아 있는 기반이랄까?

"그렇다고 생생 우동은 아니에요."

선생님이 곧바로 이런 말씀을 하셨습니다. 어떤 물건은 아니라는 뜻이었습니다. 생생 우동은 당시 갓 출시된 생우동 라면으로 많은 인기를 끌어서 유행처럼 입에 오르내리던 말입니다. 그런데 저도 모르게 다음 말이 튀어나왔습니다.

"생생 우동인데요."

무슨 말이라도 이 일 아닌 게 없었습니다. 모든 말이 제게는 다른 말로 들리지 않았습니다. 돌아오는 길에 길가에 가을꽃이 잔뜩 피어 있었습니다. 늘 다니던 길이었는데 꽃들이 그렇듯 생생하게 피어 있는 줄을 몰랐습니다. 하늘이 저기 있지 아니하고 땅이 저 아래 있지 않았습니다. 무언가 명치 아래로 쑥 내려가는 느낌이 들었습니다. 체한 적이 없었는데 이건 뭐지?

7. 마음이 무엇이라고 생각합니까?

체험을 하고 나서 얼마 지나지 않은 시점의 일입니다. 나름대로 의기양양해 있었습니다. 가족이 일 년에 한 번 정도 제주도를 방문했습니다. 부부가 모두 마음공부에 뜻을 두고 있어서 눈 밝은 사람이 어디에 있다는 소식을 들으면 귀가 솔깃했습니다.

특히 남편은 이 분야의 소식에 두루 밝았습니다. 마침 제주도에 서옹 스님의 제자 스님이 계시다는 걸 알게 되었습니다. 그분이 계시던 절은 생소한 절이 아니었습니다. 고향 마을은 행정구역상 제주시에 포함되었지만 한라산 중산간 마을이라, 학창 시절 시내 중심가에 있는 학교로 가려면 버스를 타고 한 시간 정도 가야 했습니다. 국민학교는 고향 마을에 있었지만, 중학교는 버스를 타고 다녔습니다. 발 디딜 틈 없는 등하교 버스를 타고 30여 분쯤 가다 보면 'OO사 입구'라는 정류소가 나왔습니다. 멀리 절의 일주문이 보이고 사찰 행사가 있을 때마다 절 앞을 지나는 커다란 건천(장마철이나 큰 비가 올 때만 물이 흐른다)을 따라 연등들이 내걸렸습니다.

오랜 기억 속 멀리 보이던 절은 생각보다 작은 규모로 아담했습니다. 호리호리한 몸에 다소 깐깐해 보이는 스님이 친절하게 우리를 맞이하셨습니다. 스님은 우리를 스님의 처소로 맞아들이고는 차를 달여 주셨습니다. 여러 말들이 오갔지만 기억이 나지 않습니다. 다소 깐깐해 보이는 인상이셨지만, 다정다감한 모습을 보이셨던 것도 같습니다. 우리가 다니는 선원 책자를 드리며 소개했던 것도 같고, 동행했던 언니가 불공을 드리는 얘기, 믿음을 갖고 절에 다니니 마음이 편안해지고 일이 잘된다는 얘기를 했던 것 같습니다. 그러다 불쑥 스님께 질문을 드렸습니다. 앞뒤 뚝 자르고 물었던 것 같습니다.

"마음이 무엇입니까?"

스님이 우려낸 차를 잔에 따라 주다 멈칫했습니다. 그러더니 아무렇지도 않게 반문하셨습니다.

"마음이 뭐라고 생각합니까?"

순간 저는 '마음을 물었으니 손가락을 들어 보이든 바닥을 치든 무언가를 내보여야 할 텐데, 불법과 한참 거리가 먼 '생각' 이라는 단어를 써 가며 내게 묻다니, 마음이 뭔지도 모르는 스님이 아닌가?' 생각했습니다. 대답은 안 하고 그냥 미소만 지었습니다. 뜻밖의 반문도 그렇거니와 제 기대에 부응하지 않는 반응이어서 더 묻고 싶은 마음이 없었습니다. 스님은 두어 차례 "마음이 무엇이라고 생각합니까?"

라고 물었습니다. 제가 답을 피하고 웃고 말자 그 얘기는 더 이상 이어지지 않았습니다. 그 뒤로 무슨 말이 오갔는지는 기억에 없습니다.

스님에 대한 기억은 가물가물해졌습니다. 그러다 십여 년의 시간이 흐른 뒤 스님이 설법하시는 모습을 인터넷을 통해 보게 되었습니다. 오랜 시간이 흘러서 그런지 얼굴에 주름이 많이 져 있었습니다. '세월은 비껴갈 수가 없구나.' 절을 방문했을 때 스님께서 경기도에 선원을 개원하신다고 했었는데 그 사이 개원해서 법을 펴고 계셨습니다. 그 동영상을 보는데 그때 나눈 법담이 문득 떠올랐습니다.

"마음이 무엇이라고 생각합니까?"

수년이 지나서야 그 답이 전해지다니…….

"마음이 무엇입니까?"

"마음이 무엇이라고 생각합니까?"

아하! 그렇구나.

달리 스님이 답을 해서가 아니었습니다. 스님과 아무 상관이 없었습니다. 분별은 남이 하는 게 아니었습니다. 오로지 자기만 분별할 수 있었습니다. 참으로 일천한 공부였는데 그때는 몰랐습니다. 여전히 자기 생각에 속는 줄 모르고 의기양양해 있었습니다.

8. 피할 수 없는 곳

공부의 전환점을 맞은 이후 나날이 다른 것이 보이지 않았습니다. 어디를 보든, 무엇을 하든 항상 이 속에서 벗어나지 않았습니다. 아니 그런 듯하였습니다. 처음에는 환희에 젖어 있기도 하고, 편안함에 더 이상 부족한 것이 없기도 했습니다. 그러면서 3년이 흘렀고, 여전히 선생님의 법문을 듣고 있었습니다. 어디를 가도 다른 게 없을 것 같았습니다. 서서히 환경이 변하여 생활 전선에 나가야 할 시점이 되었습니다. 경제적으로도 남편에 의지하지 않아야 정신적으로 더 독립적인 삶을 살 수 있을 것 같았습니다.

2004년부터 2년 정도 선원 총무일을 맡아 하였습니다. 그런데 이제 그만두어야 할 시점이 된 것 같았습니다. 선원에서 선생님과 여러 도반들과 거의 매일 함께 한 시간은 즐거웠습니다. 당시에는 선생님의 설법 테이프를 선원 자체적으로 제작하여 판매를 했는데, 여러 도반들과 저의 몫이었습니다. 선생님을 자주 뵐 수 있었고, 같은 길을 가는 도반들과의 만남은 행복했습니다. 하루 종일 법문을 틀어 놓고 들으며 테이프에 라벨을 붙였습니다. 공부에 푹 젖어 지내는 듯 했습니다. 그렇게 2년여를 보내니 경계를 따라 흔들리던 마음도 많이 사라진 것 같았습니다. 공부에 자신이 있었습니다. 법문을 들어도 매번 같은 말씀을 하시는 것 같고, 이것밖에 없다는 믿음이 자리 잡았습니다. 이제 생활 속으로 들어가도 될 것 같았습니다. 안정된 마음이 진짜 제 공부의 힘인지도 시험해 보고 싶었습니다. 어차피 스스로 우뚝 서는 공부이기에 그래야 할 것 같았습니다.

공교롭게도 시어머니와 한 집에서 생활해야 하는 상황을 맞았습니다. 그 사이 집안 사정이 나빠져서 어쩔 수 없이 그래야만 했습니다. 아이도 초등학교에 들어갈 정도가 되니 남편이 출근해 있는 동안 시어머니와 한낮을 보내야 한다는 것이 마땅치 않았습니다. 매일 선원으로 향하던 발걸음을 돌려 취업 준비를 위해 도서관으로 향했습니다. 선원은 매주 토요일만 나가게 되었습니다. 자격증을 따기 위해 시험공부에 매달려야 했고, 집에서는 며느리로서, 아내로서, 엄마로서의 역할을 해야 했습니다.

예전과는 판이한 상황이 펼쳐지면서 그동안 편안하고 안락한 자리가 흔들리는 느낌이었습니다. 눈앞을 바로 보면 다른 게 없는데, 제 마음은 무언가에 쫓기고, 불편하고, 시험에 합격해야 한다는 중압감이 밀려왔습니다. 집에 들어가면 저녁 식사를 준비하기 바빴습니다. 모두들 텔레비전 앞에서 개그 프로그램을 보며 시끌벅적 웃고 있는

데 혼자 부엌에 남아 설거지를 할 때면 마음이 여간 불편하지 않았습니다. 그들에 대한 알 수 없는 분노와 소외감, 불편한 감정들이 일어났습니다. 공부의 힘은 간 데 없고 마음속에 화가 점점 쌓여 가는 나날이었습니다. 머리로는 모든 것이 이 하나뿐이라는 것에 이의를 제기할 수 없는데 가슴으로 받아들이지 못하는 것이었습니다.

선원에 가서 선생님 법문을 들어도 다른 게 없고, 많은 부분 소화도 되었습니다. 이전에는 꽉 막혔던 선어록의 구절들이 저절로 소화되었습니다. 특히 손을 들거나 법상을 두드리면서 이것뿐이라는 말씀을 하실 때는 저도 모르게 공명이 되고 막히지 않았습니다. 그래 이것뿐이지. 이것뿐이야. 이것뿐인데, 왜 집으로 돌아오면 마음이 불편하지? 막상 눈앞을 보면 다른 게 없는데, 왜 잠을 제대로 이루지 못할까?

불면증이 생기고 나서야, 공부를 잘못하고 있구나 하는 판단이 들었습니다. 공부인에게 마음의 문제가 생겼다면 제일 먼저 의심해 볼 것이 공부였습니다. 공부를 제대로 하고 있는 건가? 뭔가 문제가 있는 것 같았습니다. 그래서 병원을 찾아가는 대신 선생님을 찾아뵈었습니다.

요즘 한숨도 잠을 이루지 못한다는 말씀을 드리고 그 이유를 물었습니다. 그런데 선생님은 체험을 제대로 했다면 그런 일이 있을 수 없다고 하셨습니다. 그러고는 아마 공부가 더 나아가기 위해 그런 일이 있을 수도 있을 것이라고도 말씀하셨습니다. 마치 개구리가 도약을 하려면 몸을 잔뜩 뒤로 움츠리듯이 말입니다.

저는 제 상황에 대한 명확한 처방을 바랐습니다. '이래서 이런 것이니 이렇게 하면 됩니다.' 라는 답을 기대했던 것 같습니다. 그러나 제 기대는 여지없이 무너졌습니다. 처방전은 고사하고 낭떠러지에 위태롭게 매달려 있는데 저 아래로 밀쳐 버리는 아득함이 느껴졌습니다. 첫 번째 말씀만이 귓가에 맴돌았습니다. 지난 3년 동안 거짓으로 이 소식을 확인했다고 착각하고 있었나? 부질없이 탁자를 두드려 보기도 하고 일없이 손을 들어 보기도 했습니다. 이 소식을 진정 모른단 말인가? 스스로에게 묻고 또 물었습니다. 아무리 물어보아도 이것을 부정할 수는 없었습니다. 이제 모든 난관을 스스로 돌파할 수밖에 없었습니다. 의지할 대상이 모두 사라져 버린 듯했습니다. 그간 해 온 공부의 실상이 적나라하게 드러나니 참담하기 그지없었습니다.

모든 것을 제쳐놓고 매일 아침 뒷산 약수터로 향했습니다. 약수를 뜨는 것은 핑계였고, 단 한 시간이라도 혼자 있는 시간을 마련하고 싶었습니다. 가방 속에는 대혜 종고 스님의 《서장》이 들어 있었습니다. 멀리 산 아래를 내려다보며 한 줄 한 줄 읽었습니다. 많은 글자들이 눈에 들어오고 나갔습니다. 여러 부분 공감하는 바도 많았습니다. 그러나 제 속에는 간밤에 시달렸던 불면에 대한 고통과 두려움, 공부에 대한 회의감이 잔뜩 들어차 있었습니다.

그렇게 한 달 여를 보냈습니다. 어느 날 바위에 걸터앉아 멀리 시가지를 내려다보며 《서장》을 읽었습니다. 마침 그날은 진소경이라는 분이 대혜 스님에게 보낸 편지를 읽게 되었습니다. 진소경은 '시끄러운 가운데 피할 수 없는 곳을 만날 때마다 늘 스스로 점검한다.'는 내용을 써서 보냈고 대혜 스님은 '피할 수 없는 곳이 바로 공부를 마칠 곳.'이라는 답신을 보냈습니다. 뒤이어 '피할 수 없는 곳을 만날 때마다 마음을 일으켜 점검하려 해서는 안 된다.'고 덧붙이기도 했습니다.

매번 읽은 부분인데 그날따라 이 구절이 선명하게 들어왔습니다. 딱, 제게 하는 말 같았습니다. 그동안 불편한 마음이 일어날 때마다 가라앉혀 편안하게 만들려고 무던히 애를 썼던 스스로를 돌아보게 되었습니다. 저도 모르게 마음을 편안한 상태로 만드는 것이 공부라는 관념을 쥐고 있었음을 보게 된 것입니다. 공부는 이렇게 해야 한다는 고정관념을 붙들고 있었던 것입니다. 지금 일어나는 두려움, 분노 자체가 다른 게 아닌데, 그것을 문제로 여겨 없애려고 조작하고 있었습니다. 편안하고 안락한 게 법이 아니었습니다. 본성은 편안한 것도 아니고, 불편한 것도 아니었습니다. 편안하면 편안한 대로, 불편하면 불편한 대로, 잠이 안 오면 안 오는 대로, 두려우면 두려운 대로, 화가 나면 화가 나는 대로 모두가 평등한 성품이었습니다.

'지금 이 심란하고, 두렵고, 불편한 마음속으로 들어가라. 그곳이 공부를 마칠 곳이다.'

가로막혀 있던 생각의 장벽들이 도미노처럼 쓰러져 내렸습니다. 불편함을 버리고 편안함에 안착하려는 습성이 이리도 강하게 남아 있었습니다. 심란한 경계를 만날 때마다 마음을 편안하고 흔들림 없게 만들려고 애쓰고 있었습니다. 편안하고 불편한 게 둘이 아니고, 불면과 숙면이 둘이 아니고, 옳고 그른 게 둘이 아니고, 좋고 나쁜 게 둘이 아니고, 밝고 어두운 게 둘이 아니라는 말은 종달새처럼 잘도 종알거려 왔으면서 가슴으로는 좋고 나쁜 것을 분별하여 나쁜 것을 좋은 것으로 만들려는 조작을 하고 있었습니다. 모든 일이 본래 평등한 성품인데 어느 것을 잡을 것이며, 어느 것을 피할 것이겠습니까?

"피할 수 없는 곳이 바로 공부를 마칠 곳이다."

우리는 언제 어디서나 피할 수 없는 인연을 만나게 됩니다. 거기에서 어떻게 해 보려 하면 바로 갈등과 고통이 일어납니다. 환영은 그 정체를 알면 환영일 뿐이지만, 그것에 휩쓸려 들어가면 사람을 미치게 할 정도의 위력을 가지고 있었습니다.

9. 뿌리 없는 나무

공부에 새로운 변화가 오고 난 이후로는 일어나는 일에 연연하지 않게 되었습니다. 물론 경계에서 완벽하게 자유로운 것은 아니었습니다. 싫은 일이 일어나면 움찔하여 피하고 싶고, 좋은 일이 일어나면 저도 모르게 달콤함이 일어나는 것은 어쩔 수 없었습니다. 그러는 사이 뜻하지 않게 둘째 아이가 생겼습니다. 불혹의 나이에 낳아야 하나 말아야 하나 고민이 많았습니다. 그러나 결국에는 낳기로 결정했습니다. 어느덧 저도 모르게 일어나는 인연에 순응하는 마음 자세가 되어 있었습니다. 그냥 인연에 맡길 수밖에요.

사실 마음공부 하는 사람이 아이를 낳는다는 것은 너무도 어울리지 않는 일이었습니다. 주변에서 그런 일을 본 적이 없었습니다. 산모의 몸도 건강하지 않고 나이도 많은데 생긴 아이여서 아기가 괜찮을까 걱정이 많았습니다. 그러나 어떤 결과가 일어나든 상관하지 않기로 했습니다. 이 일조차 공부였습니다. 어떤 일이 일어나든 오롯이

제 삶의 인연이고 그럴 만한 이유가 있는 것입니다. 그대로 받아들이자, 다가오는 대로 그냥 내버려두자⋯⋯.

아이를 키우느라 여념이 없었습니다. 그러나 공부에 대해서 손을 놓는다는 생각은 하지 않았습니다. 2007년의 어려운 고비를 넘기면서 이 공부는 끝까지 해 나가야 한다는 결심을 하게 되었습니다. 모든 문제를 말끔히 해결하지 않으면 언제 어느 때 분별망상이 마력을 발휘할지 알 수 없었습니다. 그래서 법문을 듣든 그렇지 않든 공부에 더 예민해졌고, 스스로 항상 가슴속에 이 하나를 놓지 말아야 한다는 염원을 가지게 되었습니다.

틈틈이 선어록을 보기도 하고 서양 선사들의 책도 재미있게 읽었습니다. 가장 가슴에 와 닿는 이는 미국의 영적 지도자 아디야샨티였습니다. 《깨어남에서 깨달음까지》는 그가 마음공부를 해 오면서 겪은 경험을 바탕으로 깨어남의 체험 이후 겪게 되는 여러 가지 혼란을 자상하게 다루어 주고 있었습니다. 실제 공부하는 이들에게 참으로 위안이 되는 책이었습니다.

그의 말은 체험 이후의 여러 가지 분리감이나 갈등, 방황에 대해 충분히 있을 수 있는 일이니 인정하고 그렇게 가면 된다는 다독임으로 들렸습니다. 동양 선(禪)의 전통에서 찾아보기 어려운 위로를 주었습니다. 그의 책을 통해 얻은 가장 큰 소득은 공부하는 자세였습니다. 자신의 공부가 부족한 점을 인정하고 어떠한 것이든 회피하지 않는 자세가 중요하다고 했습니다.

그러다 2012년 여름, 공부에 변화가 감지되었습니다. 뭔가 마음이 따로 있을 것 같은 아련함이 사라지면서, 지금 경험하는 게 전부라는 깨달음이 왔습니다. 이전에는 깊은 심연과 같은 물이 따로 있고 거기에서 일어나는 물결이 따로 있는 듯하여 마음과 경계 사이에 분리가 있었습니다. 그게 분별심의 잔재였다는 것을 보게 된 것입니다. 마음이 따로 있는 게 아니라, 바로 지금 즉각적으로 경험하는 이 세계 그대로가 다였습니다.

늘 들어 왔던 말이지만 "색즉시공(色卽是空) 공즉시색(空卽是色)"이라는 말이 공감이 되었습니다. 당연히 그러한 것이었습니다. "만법유식(萬法唯識)", "삼계유심(三界唯心)", "물결이 물이고, 물이 물결이다."라는 말에 공감이 갔습니다. 다양하게 분별되어 있는 현상계 그대로 이음새 없는 하나의 마음이라는 것.

공부에 변화를 맞고 선생님을 뵈었습니다. 땅 아래 나무의 뿌리가 있는 것처럼, 육안으로는 볼 수 없지만 든든하게 받치고 있는 마음이 있는 것 같았는데, 그냥 보여지는 '뿌리 없는 나무' 그대로가 전부라는 전환이 왔다고 말씀드렸습니다. 그랬더니 이 법을 '뿌리 없는 나무' 라고 표현하기도 한다고 말씀하셨습니다. 이어서 만법유식(萬法唯識)이나 삼계유심(三界唯心)에도 공감이 간다고 하니까, 선생님께서는 만법유식에서 끝나는 게 아니라 유식무경(唯識無境)이 함께 쓰인다 하셨습니다. 또 삼계유심 뒤에 다시 무심제법(無心諸法)이 한 몸으로 쓰인다고 하셨습니다. 그 말에 공감할 수 있느냐고 물었습니다. 만법유식이나 삼계유심은 익숙한 말이지만, 유식무경이나 무심제법은 생소한 말이었습니다. 그런데 유식무경(唯識無境)은 오직 식(識)뿐 경계가, 즉 테두리가 없다는 말이어서 바로 공감이 갔습니다. 그러나 무심제법(無心諸法)에는 선뜻 공감할 수 없었습니다.

만남이 끝날 때쯤, 읽고 있던 《간화선 창시자의 선(禪)》이라는 책에서 대혜 스님이 세 번째 깨달음을 얻고서 말한 "참된 금강권(金剛圈)이 바로 장식(藏識)이다."라는 말의 뜻을 물어보았습니다. 선생님은 금강권은 깨뜨릴 수 없는 감옥을 뜻한다고 하셨고, 장식은 한마디로 '마음'이라는 말과 같다고 하셨습니다. 그러면서 "참된 금강권이 장식이다."라는 말을 소화할 수 있겠느냐고 물었습니다. 그러나 공감할 수 없었습니다.

그렇게 돌아서는데, "참된 금강권이 장식이다."라는 말이 계속 맴돌았습니다. 진짜 감옥은 바로 마음이라는 뜻입니다. 우리의 근본인 마음이 바로 감옥이라는 말. 풀리지 않는 수수께끼였습니다.

10. 무심제법無心諸法

남편은 그동안 다니던 선원을 3~4년 전부터 다니지 않게 되었습니다. 그 이유를 물어보아도 시원하게 대답해 주지 않았습니다. 같은 공부길을 가고 있지만 공부에 대한 얘기를 자주 하는 편은 아니었습니다. 서로 성격이 다르고, 배경 지식이 다르고, 표현이 다르기에 공부에 미진함이 남아 있는 상태에서의 대화는 더러 공감되는 부분도 있지만, 엇갈리는 부분도 적지 않았습니다. 남편이 2~3년간의 방황을 멈추고 OO사라는 절에 다녔습니다. 어떤 분에게 지도받고 있는지 염려되기도 하고 궁금하기도 했습니다. 어느 날 절로 향하는 남편을 따라 나섰습니다.

주지 스님은 시골 할아버지 같았습니다. 평생 공부를 해 오신 분이니 공부에 대한 얘기가 나오는 것은 당연했습니다. 스님도 우리 내외가 마음공부 하는 것을 알고 이 소식을 열성적으로 말씀하셨습니다. 한참 듣고 있다가 문득 제가 해 온 공부를 말씀드리고 싶었습니다. 직접 지도받은 적이 없는 선지식이 제 공부를 어떻게 보는지 궁금했습니다.

50여 년을 다른 환경, 다른 방편으로 공부해 오신 분과 공감할 수 있을까? 약간의 두려움도 있었지만, 공부란 마음의 장애를 극복하는 것이기에 이 자체로도 공부가 된다는 생각이 들었습니다. 스님의 말씀이 끝나자, 십년 전에 했던 체험을 말씀드렸습니다. 그러자 스님께서 이제 공부의 시작이니 스님 밑에서 공부해 보라고 하셨습니다. 갑작스러운 제안이 당황스러웠고, 해 오던 공부의 끈을 놓치고 싶지 않아서 "제게는 선생님이 계십니다."라고 말씀드렸습니다. 그날의 만남은 그렇게 끝이 났습니다.

그런데 2~3개월이 지난 뒤 스님에게서 전화가 왔습니다. 한 달에 한 번 초하루 법회 날에 와서 소일을 도울 수 있느냐고 하셨습니다. 그동안 총무 일을 봐 오던 보살님이 그만두게 되어 장부 정리를 해줄 사람을 구하고 있었습니다. 한 달에 한 번인데다가, 방황하다가 이제야 마음잡고 공부하는 남편을 생각하니 조금이라도 도움을 주고 싶었습니다. 매달 한 번 스님을 찾아뵈었습니다.

스님은 처소에 들러 인사를 드릴 때마다 잠깐씩 이 공부에 대해 말씀해 주셨습니다. 자세하게 풀어 설명할 시간적인 여유도 없었기에, 인사하면 그저 짤막하게 질문하곤 하셨습니다. 일상적인 인사를 나누고 오늘 할 일을 전하다가 뜬금없이 한 번씩 묻는 질문이 공부에 자극이 되었습니다.

"임 보살, 미륵불은 언제 오나?"

"네?"

"언제 오긴 언제 와. 자기가 미륵불이지."

그리 말씀하시고는

"내려가 일 보게." 하셨습니다.

어떤 날은

"공부는 어떻게 하나?" 물으셔서

"설법도 듣고, 염송 공부도 합니다." 하고 답했습니다. 그러자,

"어디 가서 스님들 만나 염송 본다고 말하지 말게. 그러면 견성 못했다 소리 들으니. 염송을 보는 게 아니라 자기를 봐야지."

이렇게 말씀하셨습니다.

그러던 어느 날 참으로 제가 막혀 있던 부분을 적절히 건드려 주는 말씀을 하셨습니다. 스님이 계신 방에 들러 인사하기 전, 대웅전에 가서 부처님께 삼배를 하고 오는 게 절의 예절이므로 그렇게 했습니다. 대웅전을 나와 주지 스님 처소에 들어가 인사를 드리니 스님이 말씀하셨습니다.

"부처님께 신심을 다해 인사드렸지?"

그 말씀에 주저 없이 대답했습니다.

"아무런 마음이 없었는데요."

그러자,

"그렇게 싹 쓸어도 안 돼."

딱 한마디를 하셨습니다.

그날은 이 말이 하루 종일 맴돌았습니다. 저는 그 당시 선생님이 말씀하신 '무심제법'의 '무심(無心)'에 빠져 있었습니다. '정말 마음이라 할 게 없어. 마음은 아둔한 사람들을 공부로 끌어들이기 위한 방편이지. 마음이란 게 있는 게 아니야.' 라고 여기고 있었습니다. 온 세상이 그저 텅 빈 공간인 것 같은 기분에 젖어 있었습니다. 그때 우연찮게 스님의 말씀을 들으니 정곡이 찔리는 듯했습니다. '싹 쓸어도 안 돼.' 이 말을 듣고 '마음 없음'에 머물러 있었다는 자각이 왔습니다. '무심(無心)'이란 마음이 아예 없다는 말이 아니었습니다. 따로 찾고 구할 마음이 없다는 것이지요. 마음이 없는 것이라면 지금 이렇게 '마음이 없구나.' 하는 것은 또 뭐란 말입니까? 저도 모르게 꿈을 꾸고 있었습니다.

'그럴듯한 말, 어려워서 무언가 심오한 뜻이 따로 있을 것 같은 말에 또다시 속았구나!'

무심(無心)과 제법(諸法)은 하나였습니다. 따로 마음이 없으니 제법 그대로 마음이었습니다. 마음 없음이 싹 쓸어 마음 없음이 아니고, 제법 그대로인 채 다른 일이 아닌 마음.

11. 금강권이 장식이다

선(禪)의 공안 가운데 앙굴마라에 관한 것이 있습니다. 내용은 이렇습니다.

앙굴마라는 1천 명의 손가락을 잘라 화관을 만들어 왕의 자리에 오르려 하였다. 이미 999명의 손가락을 자르고 마지막 한 개의 손가락을 어머니에게서 얻으려고 했다. 세존이 그의 인연이 익은 것을 보고 교화하러 찾아갔다. 세존을 본 앙굴마라가 어머니의 손가락을 자르는 대신 세존에게 손가락을 보시해 줄 수 있는지 물었다. 그의 말을 들은 세존은 그곳을 벗어나 곧장 가셨다. 앙굴마라가 급하게 뒤쫓았으나 따라잡을 수가 없었다. 이에 큰 소리로 고함을 질렀다.

"멈추시오! 멈추시오!"

세존이 말씀하셨다.

"나는 멈춘 지 오래되었는데, 너는 멈추지 못하고 있구나."

앙굴마라는 여기에서 문득 깨닫고는 세존에게 의지해 출가하였다.

세존께서 앙굴마라를 시켜 발우를 들고 어떤 장자의 집으로 찾아가도록 하셨다. 그 집 부인이 마침 산통을 겪고 있었는데, 장자가 말했다.

"고오타마의 제자시여! 당신은 위대한 성자이시니 마땅히 어떤 법을 가지고 산통의 어려움을 면하게 해 주시겠습니까?"

앙굴마라는 말했다.

"저는 금방 입도(入道)하여 아직 이 법을 알지 못합니다. 제가 돌아가서 세존께 여쭈어 보고 다시 돌아와 알려 드리겠습니다."

앙굴마라가 돌아와 부처님께 그 일을 말씀드리니, 부처님께서 앙굴마라에게 말씀하셨다.

"너는 속히 가서 이렇게 말하거라. '나는 성인의 법을 따른 이래로 아직 살생(殺生)을 한 적이 없다.'"

앙굴마라는 곧 부처님의 말씀을 받들어 그 집으로 가서 그대로 말했다. 그 부인은 그 말을 듣더니 곧 산통의 어려움에서 벗어났다.

어느 날 무언가 선명해지는 것이었습니다. 앙굴마라 화두가 무슨 함정을 설치하고 있는지 모르고 있었는데, 그게 보이기 시작했습니다. 그리고 《간화선 창시자의 선(禪)》에서 담당문준 스님이 이 공안에 막혀 있는 대혜종고 스님에게 준 힌트가 무엇인지 시야에 들어왔습니다. 담당문준 스님은 대혜 스님이 이 공안에 대해 물었을 때 이렇게 말했습니다.

"앙굴마라가 '저는 금방 입도하였으니 아직 이 법을 알지 못합니다. 제가 돌아가서 세존께 여쭈어 보고 다시 돌아와 알려 드리겠습니다.' 라고 말했는데, 앙굴마라가 부처님 계신 곳에 도착하기도 전에 그 부인이 아이를 낳았다면 어쩔 거냐? 또 부처님께서 '나는 성인의 법을 따른 이래로 아직 살생을 한 적이 없다.' 고 하셨는데, 앙굴마라가 이 말씀을 가지고 그 장자의 집에 도착하기도 전에 이미 아이를 낳았다면 어쩔 거냐?"

아기를 낳아 보아서 잘 알았습니다. 아기는 엄마 아빠가 만반의 준비를 마쳤을 때 나오지 않습니다. 때가 되면 저절로 나옵니다. 그런데 어미와 장자는 산통이 괴로워 이를 모면하려고 따로 불법을 찾고 있었습니다. 그 지독한 산통 그대로 불법인데요.

"세간법이 바로 불법이다!"

이쯤 되자 전율이 일어났습니다.

'이 바보 멍청이. 무엇을 얻을 것이라고 깨달음의 마음을 내어 이리도 찾아왔단 말인가.' 깨달음이라는 게 따로 있지 않았습니다. 이미 깨달음인데, 깨달음이 다시금 깨달을 거라고 이리 법석을 떨어 왔던 것입니다. 그러고 보니 깨달음 아닌 것이 없었습니다. 먼지 티끌 하나 예외가 없었습니다. 손톱 발톱이 깨달음이었습니다. 그동안 졸고 있었나 봅니다. 십여 년 정신 차린다고 했지만 여전히 졸고 있었습니다. 갑자기 졸음이 싹 가시면서 멀쩡하게 눈을 뜬 느낌이 들었습니다. 저 깊은 곳에 숨어 있는, 아주 미세하게 숨어 있던 '찾는 마음'의 정체가 들통 난 것입니다. '이 찾는 마음' 이것이 바로 분별심이구나…… 이게 스스로를 얽어맨 것이구나…… 분별심에 속아 깨달음이 라는 뭔가 완전한 것을 자기도 모르게 따로 찾아왔습니다. 단 한 번도 이것을 벗어난 적이 없는데. 여기 이대로 완전한 깨달음인데 곁눈질하며 끊임없이 기웃거렸습니다.

마치 우주를 찾을 거라고 하늘만 쳐다보며 온 산꼭대기, 온 나라를 다 싸돌아다니다 문득 돌부리에 걸려 넘어져 정신을 차리니 발밑이 우주였습니다. 언제나 우주를 벗어난 적이 없었습니다. 이 손가락, 이 손톱, 이 머리카락, 세포 하나하나, 이 몸뚱이, 먼지 티끌, 온갖 망상이 우주였습니다. 이 우주에서 결코 벗어날 수 없었습니다. 내가 우주인데 어떻게 우주가 우주를 찾으며, 어떻게 우주가 우주를 벗어난단 말입니까? 아무리 발버둥 쳐도 여기에서 벗어날 수 없음이 명확했습니다. 이게 감옥인 것입니다. 모든 게 마음뿐이고 깨달음뿐이니 이게 감옥인 동시에, 걸림 없는 자유인 것입니다. 밝지 못하면 마음이 장애가 되어 마음이 감옥이고, 깨달아도 마음뿐이어서 달리 벗어날 수 없는 감옥. 그러니 그 자체로 자유였습니다. 한계 없는 감옥, 중심과 주변, 안과 밖, 온갖 방향과 시간이 남김없이 명백해졌습니다.

내가 나에게 속았구나, 하고 탄식이 나왔습니다. 눈만 뜨면 바로 깨달음이었습니다. 눈을 뜨기도 전에 눈앞에서 법이 먼저 기다리고 있는 듯 명확함과 강한 확신이 생겼습니다. 예전에는 거리낌 없이 정면을 쳐다보지 못하고, 뭔가 보이지 않는 마음을 볼 것처럼 사시눈을 뜨고 봤다면, 이제는 앞도, 뒤도, 좌도, 우도, 안도, 밖도 둘 것 없이 바로 눈길 가는 곳곳이 다른 것이 아니었습니다. 법을 찾는 마음이 사라지자 할 일이 없었습니다. 아무 일이 없는 사람이라는 말이 실감 났습니다. 정말 공부라고 할 것이 없었습니다.

12. 깨달음이라는 꿈

대상사물이 그대로 드러나지만 있는 게 아니요, 있는 게 아니지만 변함없이 눈앞에서 생동했습니다. 마음이니, 법이니, 깨달음이니, 중생이니, 부처니 모두 있는 그대로 텅 비었습니다. 그러니 무슨 말을 해도 장애가 없었습니다. 무슨 생각을 해도 텅 비었습니다. 무슨 일을 해도 하는 일이 없었습니다. 당장 눈앞에서 미쳐 돌아가도 여법했습니다. 산다는 것도 비었고 죽는다는 것도 비었습니다. 그냥 삼라만상이 여여(如如)할 뿐입니다. 법이랄 게 따로 있어야 법에 어긋날 것 아니겠습니까?

대혜 스님이 읽었다는 《화엄경》에서 보살이 제7지에 올라 무생법인(無生法忍)을 깨달은 부분이 소화가 되었습니다. 특히 "이 보살에게는 보살의 마음도, 부처의 마음도, 깨달음의 마음도, 열반의 마음도 오히려 나타나지 않는데, 하물며 세간(世間)의 마음이 나타나겠느냐?" 부분이 가슴에 와 닿았습니다. 또 《금강경》의 "법도 없고 법 아닌 것도 없다."는 말이 실감났습니다. "적은 법이라도 얻을 것이 없음을 위없이 바른 깨달음이라 이름한다."는 말도 공감이 갔습니다.

《유마경》에 "보살은 유위(有爲)를 다하지 아니하고 무위(無爲)에 머물지 않느니라. 큰 사랑을 떠나지 아니하고 크게 슬퍼함을 버리지 아니한다."는 말이 실감났습니다. 도무지 이것이라 할 게 아무것도 없지만, 모든 일이 하나로 생동하고 있습니다.

우주, 삼라만상이 살아 꿈틀대지만 공적했습니다. 성성적적이라는 말도 실감났고, 모든 것이 꿈같고 환상같다는 말도 공감할 수 있었습니다. 우주로 시야가 확대되었습니다. 삼라만상이 한눈에 들어왔습니다. 모든 것이 생생하지만 그 위력이, 그 실체가 사라져 버렸습니다.

'이 일이었구나. 이 묘한 일을 가지고 얘기하는구나.'

너무도 단순하고 너무도 분명한 일. 여러 말이 필요 없는 일. 그저 눈뜸에 모든 것의 진상이 밝혀지는 일.

그래도 선생님에게 꾸준히 지도를 받아 왔기에 말씀드리지 않을 수 없었습니다.

"공부길이 끊어진 것 같아요."

대뜸 이런 말이 튀어나왔습니다.

더 이상 나아갈 길이 사라져 버렸다고. 무언가를 저도 모르게 찾아왔는데 그 찾는 마음이 갑자기 사라져서 마음이랄 것도 없고 깨달음이랄 것도 없고, 그냥 눈앞에 있지만 없고, 없지만 또 역력하다고 말씀드렸습니다. 아무것도 따로 있는 게 없어서, 돈오돈수(頓悟頓修), 돈오무수(頓悟無修)라는 말에 공감이 간다고 했습니다.

그러자 "돈오(頓悟)도 꿈이죠."라고 말씀하셨습니다.

무슨 말인지 알 것 같았습니다. 깨달음이라는 것도 따로 없고, 깨어난다는 것도 따로 없으니, 깨달았다는 것도 꿈일 수밖에.

일상사 속에서 불안과 불만족을 느껴 도(道)를 구했습니다. 현실의 일은 모두 헛된 것이지만 깨달음만은 진실한 것이고 한결같은 것이어서 마지막 구원의 대상을 추구했습니다. 그러나 도를 얻는 게 아니라 그 마지막 구원의 꿈에서 깨어나 본래 아무 일도 없었음이 밝혀질 뿐이었습니다. 불만족스러웠던 적도 없고, 불안했던 적도 없고, 도를 구한 적도 없고, 도를 깨친 적도 없었습니다. 그냥 자기 집 안방 침대에 누워 꿈을 꾸고 있다가 깨어나 보니 한 번도 움직인 적이 없었음을 확인할 뿐이었습니다.

13. 견성했네?

초하룻날 OO사에 갔습니다. 매월 초하루, 절의 회계정리를 도와달라는 부탁을 받고 여전히 다니던 중이었습니다. 그날도 대웅전에 들러 절을 하고 염화실에 계신 스님을 찾아뵈었습니다.

스님은 갑작스레 질문하셨습니다.

"평소에 '이뭐꼬' 하나?"

"네? 화두 안 하는데요?"

이뭐꼬를 화두라고 생각하고 대답했습니다. 나중에 스님은 이뭐꼬가 공관(空觀)이라고 말씀하셨습니다. 그러고는 스님이 잇따라 질문하셨습니다.

"마음이 뭔가?"

스님의 급작스러운 질문에도 별 떨림이 없었습니다. 즉각 대답이 나왔습니다.

그러자 스님은 다음 질문을 하셨습니다. 떠오르는 대로 말씀을 드리니 그건 설명이니 달리 말해 보라고 하셨습니다. 그러나 이상하게 스님의 그런 말씀을 들어도 별 마음의 동요를 느끼지 못했습니다. 설명하는 말이 따로 있고 바로 보여 주는 말이 따로 있나 싶었습니다. 스님은 자신의 언어로 표현을 하셨고, 저는 그 말이 무슨 말인지 금방 소화가 되었습니다. 스님은 평소와 다르게 작심한 듯 물어보셨습니다.

"죽으면 어디로 가나?"

보이는 대로 말했습니다. 그러자 스님이 저를 잠시 쳐다보십니다.

"그럼, 견성했네?"

떠보려고 하신 말씀인지 그냥 물으신 건지는 모르겠습니다. 그러나 그 말을 듣고도 아무렇지 않았습니다. '견성을 했다 한들, 그렇지 않았다 한들 아무런 차이가 없는데 무슨 말이 필요할까? 진실로 아무런 일이 없는데.'

정말 그 무겁디무겁던 견성이란 말의 무게가 사라져 버렸습니다. 어두울 때나 밝을 때나 다르지 않고, 어두웠던 적도 없고 밝아진 적도 없었습니다. 삶의 무게와 함께 말의 무게도 싹 사라져 버려 너무도 홀가분하고 웃음이 나왔습니다. 일상사의 무거움, 인생이라는 무겁고 불확실한 어떤 것, 진실이라는 말이 풍겼던 규명해야 할 것 같은 부채감, 스스로를 짓눌렀던 삶이라는 짐. 온통 가슴을 짓누르던 말들이 스스로가 생각으로 부여한 무게였습니다. 본래 아무 무게가 없었습니다. 그런데 생각에 사로잡히니 감당할 수 없는 무게로 스스로를 억압했습니다.

아무 말 않고 가만히 있자 스님께서 말씀하셨습니다.

"그래. 내려가 일 봐."

예전과 다름없는 일상입니다. 오전에 장부를 정리하고, 아이가 유치원에서 귀가할 시간에 맞추어 서둘러 가야 합니다. 오후에는 말이 늦은 아이를 데리고 치료센터도 가야 하고 발레교실도 가야 합니다. 예전과 다르지 않습니다. 그러나 생각에 갇힌 관념적인 삶, 죽은 삶이 아니라, 한계 없이 자유롭고 생생하게 살아 있는 삶일 뿐입니다.

2장

왜 아직도 혼란스러운가?

1. 노보살님과 고구마

어느 날 팔순을 바라보고 있는 노(老)보살님과 저희 집 뒤편에 있는 OO사에서 만나기로 했습니다. 오전 11시에 대웅전 앞에서 뵙기로 했는데, 아침부터 찬비가 내렸습니다. 연세가 많고 무릎 관절도 성치 않아 전화를 일찍 드렸습니다. OO사에서 만나기는 그러하니 지하철역에서 만나 근처 찻집에라도 가 볼 요량이었습니다. 그러나 전화를 받지 않는 것입니다. 어쩔 수 없이 밀린 일을 하고 있는데 9시쯤 전화가 걸려 왔습니다. 벌써 대웅전 앞에 와서 기다리고 계시답니다. 얼마나 이 공부가 목말랐으면 이리도 일찍 달려오셨을까?

2주 전부터 모든 법문 듣는 것을 접고 일상생활만 하라고 부탁드렸습니다. 보살님은 30~40여 년을 절에 가서 기도하며 불교와 인연을 맺었고, 칠순이 다 되어서 부처님이 깨달은 것이 무엇인지 궁금하여 이 선방 저 선원 다니다가 저와 같은 공부처에서 인연을 맺게 된 것입니다. 그 와중에 제 공부모임도 알게 되어 몇 개월째 다니고 있었습니다. 웬만한 법문은 다 이해하여 법문을 들을 때마다 고개를 끄덕끄덕하기 일쑤입니다. 저의 공부모임에 와서도 연일 고개를 끄덕거리며, "맞지. 마음뿐이지. 자성불이지." 웃음 띤 얼굴로 맞장구를 치셨습니다. 말씀하시는 것이나 표정을 보면 공부가 굶주린 사람이라기보다는 아무것도 모르면서도 명랑한 에너지가 샘솟는 아이와 같았습니다. 그런데 그 노보살님이 지금은 많이 풀이 죽어 있습니다.

보살님은 그동안 잠자는 시간만 빼고 하루 종일 법문을 들어 오셨습니다. 일 년 가까이 중독되다시피 들으셨습니다. 그냥 법문 듣는 게 즐겁다는 것입니다. 그래야 공부를 하는 것 같고 안심이 된다는 것입니다. 이렇게 법문만 듣다 보면 깨달음의 체험도 일어날 것이라는 기대도 숨기지 않았습니다. 그래서 법문을 듣지 않는다는 것이 불안한 일이고, 공부를 하지 않는 일이어서 죄를 짓는 것 같답니다. 그러한 심정을 전해 듣고는 한 달 정도 법문을 듣지 말라고 말씀드렸던 것입니다.

뭔가에 강하게 의지하고 있었고, 듣다 보면 언젠가 깨달음이 이루어질 것이라는 기대가 지금 있는 이대로 자신의 자리를 바로 보는 것을 방해하는 것 같았습니다. 지난 2주 동안 두어 번 전화를 주셔서 "법문을 한 시간만이라도 들으면 안 될까예?" 하고 말씀하셨는데 저를 믿고 따라 보시라고 거듭 부탁드렸습니다. 시간이 지나가니 공부모임에 와도 표가 나게 생기가 사라졌습니다. 의지할 데가 없으니 안절부절못합니다. 모임을 끝내고 돌아가시면서도 "법문을 들으면 안

되겠지요?"라고 물어보십니다.

2주 정도 시간을 보내다가 보살님이 쉽게 알아들을 수 있는 말로 얘기를 나누어 보는 것도 좋을 것 같아 OO사로 와 보시라고 한 것입니다. 오늘이 그날인데 추적추적 가을비가 내립니다.

"보살님, 안타까운 마음이 들지만 좀 기다리셔야겠어요. 제가 마저 할 일이 있거든요."

알았다면서 걱정하지 말라며 전화를 끊으셨습니다. 만사 제쳐놓고 올라갈 수도 있었지만, 서둘러도 안 될 것 같고, 혼자 두어 시간 일없이 보내는 것도 나쁘지 않을 것 같았습니다. 날씨도 쌀쌀하니 가스레인지에 고구마를 올려 쪘습니다.

11시쯤 찐 고구마를 들고 OO사에 올라가 보니 노보살님이 대웅전에서 부처님 반대편으로 앉아 먼 산 바라보기를 하고 계셨습니다. 사람도 들락거리고 해서 설법전 뒤편 처마 밑에 야외용 방석을 깔고 고구마를 꺼냈습니다.

"보살님, 고향은 어디세요?"
"고향은 진주 반성이지. 시댁은 고성이고."
"혹시 고구마 하면 생각나는 거 없으세요?"

어르신들 누구나 고구마는 익숙한 먹을거리입니다. 어렸을 적 간식거리로 고구마 먹어 보지 않은 분들은 없을 것입니다. 보살님은 기다렸다는 듯이 신이 나서 그 시절로 빨려 들어갑니다. 고구마에 얽힌 추억이 실감나게 나옵니다.

"아이고, 말도 말아. 어릴 때 고향에 고구마밭이 천지였지. 그 고구마가 얼마나 큰지 어린아이 머리통만 했어. 그것을 쪄도 먹고 썰어 말려서도 먹고. 가을 겨울 내내 징하게 먹었지……"

노 보살님은 마치 그 시절 고향으로 돌아가 어린아이가 된 듯 공부는 뒷전이고 신이 나서 말씀하십니다. 얼굴에 화색이 돌고 조금 전까지는 찾아볼 수 없었던 생기가 뿜어져 나옵니다. 그 시절이 눈앞에 생생합니다.

"보살님, 보세요. 조금 전까지만 해도 고구마는 아예 흔적조차 없었는데, 이렇게 생각이 일어나니 고구마에 얽힌 일들이 마치 지금의 일처럼 일어나잖아요. 고향도 가지 않았는데 고향에 온 것처럼 옛날 일들이 고구마 줄기에 고구마 딸려 나오듯 생생히 일어나지요?"

"그렇지."

"그것 보세요. 이 한 생각이 바로 온갖 것을 만들어 낸다구요. 다 보살님이 생각해야 드러나잖아요."

"맞지."

"지금 이렇게 생각이 일어나는 자리가 바로 보살님이 찾는 마음이란 말이에요. 아무것도 없지만 모든 것이 뿜어져 나오는 생생한 이 자리. 저라고 별 수 있겠어요? 많이 배운 사람은 많이 배운 대로 드러나고, 적게 배운 사람은 적게 배운 대로 인연에 맞게 드러나잖아요."

"……"

"온갖 그림은 다르지만 이 자리는 누구나 똑같아요. 누구나가 이것 하나 가지고 쓰는 거라구요. 보살님뿐만 아니라 모든 사람이 다 이 마음자리에서 먹고 자고 앉고 눕고 한단 말이에요. 체험을 기다리는 마음도 바로 이 마음인 것이고, 법문도 바로 여기에서 들었구요. 부처님도 지금 고구마에 대한 옛일이 생생하게 일어나는 이 마음자리뿐임을 깨달은 거예요. 그런데 뭘 더 기다리고 바라겠어요?"

보살님은 잠시 동안 멍하니 바라보십니다.

"이것은 어린아이도 있는 거 아이가? 이거 없는 사람이 어딨노?"

"없는 사람이 없으니까 진짜지요. 특별한 거라면 그게 평등한 것이겠어요?"

"아이고, 나는 뭔가 천지가 달라지는 체험이 있어야 하는 줄 알았지. 사람들 얘기 들어 보면 뭔가 와락하고 일어난다고들 해서."

"그분들에게 무슨 일이 있었는지 모르지만, 이미 있는 이 마음을 확인하는 것뿐이라구요."

"아이고, 나는 뭔가를 찾아왔지. 아무리 찾아도 없어. 아침에 일어나 법문은 듣지 말라고 하지. 이게 뭔지는 궁금하지. 그래서 하루 종일 찾아도 없어. '이 바보 멍텅구리야, 그것도 모르냐? 서울대학 들어가는 것도 이것보다는 쉽겠다.' 고 했지. 그런데 아무리 찾아도 못 찾으니 포기할라 했어. 오늘 여기 앉아 있으면서 그 생각 했지. '이제 이 공부 안 할란다. 이 공부 안 하고도 자식 잘 키우고 살아왔는데.

아무리 해도 안 되는 걸 어떡하냐? 살아오던 대로 죄 안 짓고 착하게 살면 되지.' 하고 마음을 먹었지. 그런데 이걸 쓰고 있으면서도 밖에서 찾아왔네. 아이구, 멍텅구리야."

보살님은 무거운 짐을 내려놓은 듯 홀가분해했습니다. 불편한 다리를 절룩거리며 내려가는 발걸음이 무겁지 않았습니다.

"아이고, 이걸 모르고…… 아무리 찾아도 없어." 소리를 연신하십니다.

특별한 체험을 기다린다면 바로 지금 현존하는 일이 아닙니다. 늘 항상한 일, 지금 있는 일, 언제나 자신이 발 딛고 선 자리를 돌이켜 볼 뿐입니다.

지금 이렇게 한 생각이 일어나는 것은 지극히 온당한 일이고 자연스러운 일이며, 누구나가 갖추고 있는 마음의 일입니다. 아무것도 없지만 모든 것을 가능하게 하는 이것이 모든 것이자, 모든 것이 나타나고 사라지는 자리입니다. 바로 지금 여러분이 글을 읽는 이 자리, 헤아림이 일어나고 사라지는 여기.

초등학교도 못 나왔다면서 배운 게 없어 공부를 못한다고 한탄하시던 노보살님은 고구마를 잡수시다가 이미 있는 이 자리를 돌이켜 보고는 찾는 마음을 내려놓고 댁으로 돌아가셨습니다.

2. 초보 운전

운전면허를 딴 지는 십 년이 넘었습니다. 결혼하기 전에 따 놓은 운전면허증을 때가 되어 갱신만 했지 사용해 본 적이 없었습니다. 십여 년 만에 운전대를 잡는다는 게 두려웠습니다. 운전 학원에 등록하여 연수를 받아야 하는 것은 당연했는데, 과연 잘할 수 있을지 걱정이 이만저만이 아니었습니다. 혹시 제가 잘못하여 사고가 나면 저도 물론 다치겠지만, 아무런 죄도 없는 사람을 다치게 할 수 있다는 생각이 들면 자동차가 흉측한 무기처럼 보였습니다. 그래도 이번 기회가 아니면 영영 우리 집에 운전할 사람은 없을 것이라는 판단에 큰 맘 먹고 운전 학원에 등록했습니다. 매일 두 시간씩 5일을 연습하게 됐습니다. 운전 연습을 하러 가는 날을 앞두고 잠도 잘 못 잤습니다. 사고가 나는 꿈을 꾸는가 하면 엉뚱한 곳에 처박히는 꿈도 꾸었습니다.

지금은 초보 운전이라는 딱지를 붙인 차량을 보면 답답한 마음에

능숙하게 피해 가지만, 그때만 해도 이런 차량을 보면 그들의 심정을 십분 공감했습니다. 운전 학원에서 운전 연습을 지도해 주는 분들은 매일 바뀌었는데 사람마다 제 성격이 다 드러났습니다. 어떤 분은 호통을 치기도 하고, 어떤 분은 말도 하지 않고 운전대를 꽉 붙들고 있는 제 팔을 탁 쳤습니다. 팔에 힘을 빼라는 신호였습니다. 힘을 빼야 운전을 부드럽게 할 수 있는데 목숨줄인 것처럼 운전대를 꽉 붙들고 있으니 운전을 제대로 할 수 없었습니다. 어쨌든 말이야 쉽지, 손과 어깨에 힘을 빼기가 쉽지 않았습니다. 속으로 당신도 이런 시절이 있지 않았느냐고 반문하고 싶었지만, 그런 말을 할 여유도 없었습니다.

그런데 운전 연습을 할 때 가장 어려운 점이 차선을 바꾼다거나, 제가 주행하는 차선으로 다른 차가 끼어들 때였습니다. 특히나 순식간에 눈앞으로 끼어드는 차를 만나면 심장이 떨렸습니다. 그냥 아무 차도 끼어들지 않고 저도 차선을 바꾸지 않은 채 길이 끝날 때까지 쭉 가고 싶었습니다. 그래서 가끔 차량 뒤편에 '초보 운전' 이라는 글 대신 '직진만 3시간째' 라고 적힌 글을 보면 그 마음이 충분히 공감이 되었습니다.

그러나 현실은 그렇지 않았습니다. 제가 고수한 차선으로 시커먼 차가 쑥 들어오고, 택시가 어정쩡하게 들어와서는 2차선도 아니고 3차선도 아닌 차선을 타고 얌체처럼 운행한다거나, 버스는 커다란 머리부터 쑥 들이밀기 일쑤였습니다. 그때마다 정신이 아찔해서 온몸이 경직되었습니다. 운전대를 잡은 손에 진땀이 배었고 어깨는 나무

토막처럼 딱딱하게 굳어 버렸습니다. 그때 옆에 앉아서 운전 연습을 도와주던 한 분이 참 인상적이었습니다. 많은 말을 하지 않고 운전 요령만 중간 중간 말씀해 주었습니다.

이를테면 주행하다가 교차로에서 신호등의 색깔이 초록색에서 주황색으로 바뀌는 시점이 전방 15미터 이내면 바로 통과하고, 15미터 이상의 거리면 서서히 브레이크를 밟으라는 것입니다. 또 차선을 바꿀 때는 직각으로 들어가지 말고 대각선으로 길게 들어가라는 등 귀에 쏙쏙 들어오는 요령을 쉽게 알려 주었습니다. 그런데 이분의 말씀 중에 아직도 생생하게 남아 있는 것이 있습니다. 옆 차선의 차가 들어올 때마다 신경이 곤두서는 저를 보고는 이렇게 말했습니다.

"우리 집에 손님이 왔다고 생각해 보세요. 찾아오는 사람은 분명히 찾아올 이유가 있을 것입니다. 그런데 그분들이 볼일을 다 보면 떠나잖아요. 우리 집에 살지는 않지요? 끼어드는 차량도 그렇게 생각하세요. 이 차들은 내게 감정이 있어서 들어온 것이 아니라, 들어올 일이 있어서 들어온 것입니다. 이 차가 항상 내 앞을 가로막지는 않아요. 들어왔다가 1차선으로 옮겨 좌회전하고 제 갈 길을 갈 것이고, 어떤 차는 들어왔다가 3차선으로 빠져서 우회전하고 나갈 거예요. 다 들어올 이유가 있으니 그렇게 받아들이면 됩니다."

'아, 이 양반, 뭔가 아는 분이네.'

참 이런 데서 마음공부의 영감을 얻기도 합니다. 체험을 하고도 여전히 혼란스럽고 확연하지 않은 공부길을 가는데, 여러 원치 않는 인연들이 불쑥불쑥 일어납니다. 마치 예고 없이 차선 변경하는 차량처럼 말입니다. 일 없이 편안히 있고 싶은데 자꾸 마음이 일어나 끌려다니게 합니다. 그래서 피하고 싶고 없애 버리고 싶습니다.

나만의 인생길, 나의 공부길에 자꾸 훼방꾼들이 들이닥치는 것 같습니다. 원하지 않는 인연이 펼쳐지면 싫어하고 흔들립니다. 나에게 상처를 주는 사람을 미워하게 되고 나의 공부길을 방해하는 인연들에 긴장합니다. 그런데 잘 보면 다른 인연들이 그러하듯 나 또한 한 개의 인연일 뿐입니다. 나도 운전 연습을 위해 2차선을 잠시 주행하고 있는 것처럼. 나의 차선이란 본래 없었습니다. 나의 인생길, 나의 공부길이라는 것은 생각이 지어낸 관념일 뿐입니다. 모두가 인연이 되어 똑같이 길 위를 지나가는 것처럼 나 또한 하나의 인연으로 그렇게 드러난 것일 뿐입니다. 그저 모든 것이 이 마음 하나 위에 드러난 인연들일 뿐입니다.

처음 본성에 대한 체험이 있고 나서 많은 사람들은 초보 운전자가 자기 길을 정해 놓고 고수하려는 것처럼 실수를 범합니다. 자기가 주체가 되어 공부를 해 나간다는 착각을 보입니다. 나의 공부, 나의 체험, 나의 깨달음이라는 생각이 자기도 모르게 발동합니다. 그래서 공부란 이런 것이라는 개념을 만들고 이렇게 길을 가야 한다는 기준을 세우기도 합니다. 체험한 본성을 개념화하려는 분별의 습성입니다. 그런데 본성 혹은 공부길은 앞뒤 혹은 좌우로 길게 뻗은 길이 아닙니다. 차선 위에 있든, 차선을 반반씩 걸치든, 비포장도로를 주행하든, 아무런 손때가 묻지 않은 황무지를 달리든 한계 없는 대지를 벗어난 적이 없는 것처럼 말입니다. 우리의 마음이 이와 닮았습니다. 대지 위에 온갖 금을 그을 수 있지만 대지는 손상받지도 않고 줄어들지도 않습니다. 그 위에서 교통사고가 일어나든 축제가 벌어지든 말없이 이 모든 일을 떠받치고 있습니다.

우리가 길이라고 여기는 것들은 사실 우리가 찾으려는 길이 아닙니다. 길은 본래 없었습니다. 지금 여기에서 단 한 발자국도 옮겨갈 수 없습니다. 바로 여기에서 밝아질 뿐입니다. 자꾸 길이 있는 것처럼 여겨지는 까닭은 자기도 모르게 나를 앞세운 생각에 속기 때문입니다. 그냥 여기에서 나를 포함해 이런저런 인연이 드러나고 사라질 뿐이어서 본래 생겨난 적도 없고 사라진 적도 없습니다. 자꾸 드러나는 경계에 시선이 떨어지니 공부가 나아가는 것 같고 방해받는 것 같습니다. 그러나 무슨 일이 벌어지든 대지를 벗어나지 못하듯이 지금 이렇게 쓰고 있는 이 마음뿐입니다. 그런저런 일이 없음을 깨달을 뿐 달리 길을 만들지 않습니다.

3. 법에 대한 생각과 느낌

공부에 입문하고 나서 가장 어려운 부분 중 하나가 바로 법(法)에 대한 생각과 느낌을 극복하는 문제입니다. 문득 체험을 하고 보면 그동안 불편했던 마음, 시달렸던 마음에서 쉬어집니다. 그런데 여기에 잘 속게 되기도 합니다. 편안하고 안락하며 아무런 문제가 없는 곳에 머물려는 습성이 발동합니다. '이게 법이다' 라는 그림을 그리게 됩니다. 항상 편안해야 한다는 그림, 장애가 없어야 한다는 그림, 모든 것이 여여해야 한다는 그림, 쉴 곳을 찾았다는 그림, 불이중도(不二中道)라는 그림, 지금 뭔가 부족하니 수행해야 한다는 그림 등등.

법에 대한 방편의 말에 스스로 묶여드는 꼴입니다. "법에 대한 말은 모두 방편이다." 라는 말을 제대로 받아들이지 못했기 때문입니다. 사실 이 말을 제대로 소화하는 것이 공부라고 말하고 싶습니다. 스스로 완전히 밝아지지 않으면 모든 가르침의 말이 방편이라는 자각과 실감이 오지 않습니다. 공부에 대한 정의나 그림을 간직하게 되고 이것이 공부를 방해합니다. 여러 가지 방편이 나온 이유가 있습니다. 그것이 꼭 필요한 사람이 있고 필요한 시기가 있습니다. 그러나 방편의 운명은 '뗏목의 비유' 에서처럼 결국에는 폐기처분되어야 할 것입니다. 사실 '깨달음' 이라는 말도, '법' 이라는 말도 모두 방편입니다.

끝까지 '깨달음이 이것이다' 라는 한 조각의 그림이라도 가지고 있다면, 완전히 벗어나지 못한 것입니다. 이 한 조각 때문에 자유자재하지 못합니다. 비록 아무리 작은 조각이라도 그것으로 인해 분리의 구조 속에 갇혀 버리는 것입니다. 온 우주에 먼지 티끌만 한 것이라도 예외가 있다면, 해탈이 아니라고 말할 수 있습니다. 공부가 따로 없어야 합니다. 경전을 읽고, 설법을 들을 때만 공부를 하는 것이 아닙니다. 주어진 업무에 혼을 빼거나, 수다를 떨거나, 하늘을 보거나, 설거지를 하거나, 노래를 부를 때나, 공부를 벗어나 있는 것이 아닙니다. 어려운 경전을 붙들고 끙끙대는 게 공부라는 그림을 그리고 있다면, 여전히 자유롭지 못한 것입니다. 경전을 보는 것이나, 이웃집 아줌마와 수다를 떠는 것이나 진실로 어떠한 차이가 없습니다. 이게 명확해야 합니다.

'의식에 자체의 성품이 있는 것이 아니라 인연 따라 헛되이 생멸하는 마음의 그림자' 라면, 고상한 깨달음을 얘기하거나, 소소한 일상생활을 하는 것이 무슨 차이가 있겠습니까? 모두가 다 헛될 뿐이지만 모두가 다 진실합니다. 법에 대한 말이나 그림, 그리고 헛된 추구가 사라져 버릴 때 스스로가 증명할 것입니다.

4. 우월감

깨어남의 경험 후 주위의 공부하는 도반들을 보며 우월감을 느끼던 시절이 있었습니다. 무슨 말을 하는지 도대체 못 알아듣는 그들을 보며 답답한 마음이 용솟음치는 걸 느꼈습니다.

'나를 보라. 나는 이것을 알고 있다!'

무슨 대단한 것을 얻은 듯한 의기양양함이 있었습니다. 참으로 분별심은 교묘합니다. 이렇게 모든 것으로부터의 해탈을 방해합니다. 이제는 공부라는 가면, 공부가 된 사람이라는 가면을 쓰고 교묘한 방해 공작을 펼칩니다.

진정으로 깨달았다면 나도 없고 이러한 우월감도 없습니다. 깨어남이란 이런 욕망, 관념, 생각, 분별된 존재로부터 깨어남이기 때문입니다. 모든 것이 하나로 평등한 성품임이 온전히 드러나는 일이지,

내가 깨닫는 일이 아닙니다. 제대로 된 깨어남이라면, 그 자리가 그 자리일 뿐 어떠한 설명도 할 수 없고, 보여 줄 무엇도 없습니다. 깨달았다는 생각조차 허망하다는 것을 깨닫습니다.

그런데 처음부터 그렇게 되지는 않습니다. 이 교묘한 방해 공작이 자신의 내면에서 일어나고 있지는 않은지 잘 살펴보아야 할 것입니다. 공부 과정에 가장 큰 장애는 '깨달음'과 관련된 것들입니다. '깨달은 나'라는 가면이 자꾸 '깨달음은 이런 것이라는 그림'을 쥐게 합니다. 깨달음에는 깨달아 특별해질 나도 없고 깨달을 다른 것도 없이 그냥 모든 인연이 평등할 뿐임을 보게 되는 것입니다.

무슨 일이 일어났든 혹은 일어나든 변함이 없어서, 아무런 성취도 있을 수 없고 그런 일도 없음을 깨달아 더 이상 돌아보지 않습니다.

5. 허무감

체험을 하고 초기에 혼란스러운 시기가 있었습니다. 한없이 편안하고, 모든 게 이 하나에서 나오는 듯하면서도, 어떤 때는 너무나 세상이 공허해 보입니다. 그게 견딜 수 없을 정도로 커질 때는 허무감에 사로잡히기도 합니다. 드러나는 모든 것이 믿을 수 없는, 허깨비 같은 것이라는 생각이 일면 안절부절못합니다. 그러나 거기에도 분별심이 교묘히 작동하여 방해 공작을 펴고 있는 것입니다.

그때 선생님과 나눈 대화가 기억납니다.

"이 세상이 너무 허무합니다. 하나도 진짜가 없어요."

그러자 선생님은 "이 허무하다는 생각을 지금 생생하게 하고 있잖아요? 그것이 어디에서 나오고 있습니까?" 하고 반문했습니다.

그 말을 듣자마자 아무런 일도 없어져 버렸습니다. 드러나는 모든 것이 허상이라는 스스로의 생각과 감정에 사로잡혀 허무감에 빠진 것입니다.

‘극도로 허무하다면 이 생생한 허무감은 어디에서 일어나고 있느냐?’

우리는 허무하든, 공허하든, 행복하든, 불쾌하든 이것을 떠날 수 없습니다. 결코 말입니다.

의미와 목적, 가치를 추구해 오던 삶에서 더 이상 추구할 것도 없고 돌아볼 것도 없는 전환이 오니, 이제는 분별심이 모든 것이 허무하다는 쪽으로 몰고 갑니다. 분별심의 뿌리인 아상(我相)이 스스로가 들통 날까 봐 별별 책략을 다 부립니다. 이리 비틀 저리 비틀 오랜 시간을 꿈에 떨어지게 합니다.

그러다가 시간이 지나면서 분별의 게임에 놀아나고 있다는 것을 돌아보게 되고, 이 모든 게임을 놓아 버리는 전환을 맞게 됩니다.

6. 고통

마음공부를 하는 대부분의 사람들은 고통에서 벗어나려고 합니다. 불행하고, 화가 나고, 불안한 삶에서 벗어나고 싶어 합니다. 이런 마음의 굴레에서 벗어나고 싶기에 지푸라기라도 잡아 보려는 심정으로 마음공부를 합니다. 그런 마음일 때는 불행을 떠난 피신처가 따로 있는 것처럼 여겨집니다. 그런 즐거운 목표가 없다면 많은 사람들이 이 길에 들어서지 않을 것입니다.

불편한 마음에 의식적으로 마음을 편안히 가다듬고 명상에 잠기려 하고, 모든 것을 잊고 화두를 들거나 법문을 듣습니다. 또는 여러 가지 방법으로 수행을 하지만, 여기서 얻게 되는 안정은 조건적인 것입니다. 무언가를 해야 편안해지는 불안정한 안정입니다.

진실로 고통에서 벗어나는 길은 우리가 이 불편한 경계를 떠날 수 없음을 받아들일 때입니다. 평생 살아가면서 어떻게 슬픔을 느끼지 않을 수 있겠습니까? 이것은 도저히 벗어날 수 없는 일이라는 깨달음이 오면 자기도 모르게 삶의 희로애락, 온갖 부정적인 일들로 비치는 것들을 받아들이게 됩니다. 결코 떠날 수 없는 삶의 면면들입니다. 인연의 물결은 사람이 바라는 대로 물결치지 않습니다.

그저 인연 따라 나고 사라지는 흐름 속에 우리라는 존재가 하나의 물결로서 드러난 것이고 이 하나의 물결이 거대한 물의 작용을 통제할 수 없다는 사실을 깨닫게 됩니다. 물결은 아무런 의도 없이, 아무런 감정 없이 나타나고 사라질 뿐인데, 우리는 그 드러난 모양을 '나라는 물결'의 기준에 따라 해석하여 즐겁고 행복하고 슬프고 아프다며 저항하고 있습니다.

이것이 고통입니다. 그냥 물결이 일어났을 뿐인데 '나라는 아주 조그마한 물결'이 그것을 해석하고 요리하려는 불가능한 시도를 하기 때문에 있지도 않은 고통을 느끼는 것입니다.

고통은 착각의 소산입니다. '나라는 물결'이 다른 물결을 조작하려는 불가능한 시도에서 좌절한 결과입니다. 어떤 인연이 불행으로 느껴질 때 그것을 가만히 살펴보아야 합니다. 물결이 바로 물임을. 불행이 바로 마음임을. 모든 것이 바로 생생한 마음자리임을.

그렇게 보면 고통은 아지랑이처럼 사라질 것입니다. 결국 불행의 그 쓰디쓴 자리가 바로 쉴 자리라는 것입니다. 불행을 등지고서는 결코 고통에서 벗어날 수 없습니다. 불행을 받아들이고 껴안을 때 그것이 봄날 눈송이처럼 녹아 버릴 것입니다.

고통은 분별심의 다른 표현입니다. 분별심은 아무 의도 없이 일어나는 상황을 행복과 불행으로 나누어, 행복을 취하고 불행을 회피하는 방법으로 스스로를 강화시킵니다. 그러니 근본적으로 고통에서 벗어나고 싶다면 불행을 외면해서는 안 됩니다. 어느 것이라도 예외를 둔다면 분리가 싹트고 분별심이 강화될 뿐입니다.

근원적으로 고통에서 벗어나고 싶다면, 생각이 지어낸 파노라마에 속지 말고 일어나는 그대로 허용할 것입니다. 있는 그대로 손대지 않을 일입니다. 이것이 근원적인 고통인 분별심을 무력화시키는 길이며, 이 길이 결국 아무런 조건 없는 평화를 가져올 것입니다.

7. 챙겨야 하나, 따로 챙길 필요가 없나?

공부를 챙겨야 한다는 말을 듣곤 합니다. 또 공부는 따로 챙길 게 없어야 한다는 말을 듣기도 합니다. 가르침의 말이란 표현할 수 없는 이 하나의 진실을 여러 각도에서 안내하는 말이기도 하면서, 공부 과정 중에 갇힐 수 있는 편견이나 고정관념을 제거하려는 목적으로 하는 말이기도 합니다.

공부를 챙겨야 한다는 말은 평생 분별 속에 갇혀 생활해 오다가 문득 분별 아닌 자기의 본성이 확인됐을 때, 할 수 있는 말입니다. 본성을 확인했더라도, 이 일에 대한 자기확신과 안목이 선명하지 않으면 근본을 놓친 기분에 사로잡힙니다. 이럴 때 자꾸 분별에 떨어져서는 안 된다는 의미로 공부를 챙겨야 한다는 말을 씁니다. 계속 해 오던 습관대로 생각에 젖어 버리면 공부의 힘이 미약하고 안목도 밝아지지 않기 때문입니다.

공부는 따로 챙길 게 없어야 한다는 말도 분별심 때문에 하는 말입니다. 따로 챙긴다는 것은 의도이고 조작입니다. 또 공부라는 챙길 만한 물건을 따로 두게 되는 것입니다. 이것이 바로 분별심의 특성입니다. 어떠한 의도나 조작이 개입될 수 없는 것이 자기의 본성인데, 이것을 조작의 대상으로 삼는 분별을 하고 있으니 따로 챙길 게 없어야 한다는 말을 하는 것입니다.

이러저러한 말을 쓰는 의도를 모르고 듣는다면 두 말이 전혀 다른 말 같습니다. 그러나 이 두 말은 똑같은 병을 치료하기 위해서 서로 다른 이름의 약을 쓰는 것입니다. 근본적으로 따로 따로 나누고 조작하고 고착하려는 분별의 습성을 치료하려는 것입니다.

처음 본성을 체험한 후에는 이 자리에 대한 힘이 미약하여 공부를 챙겨야 한다는 방편이 적합하지만, 어느 정도 힘을 얻다 보면 챙길 만한 공부가 따로 없어지는 안목의 밝아짐이 있어야 합니다.

이것은 얻는 공부가 아니라 모든 것으로부터 자유로워지는 일입니다. 우리는 생각하는 능력이 생긴 순간부터 생각으로 자기 자신을 강하게 묶어 왔습니다. 그 사실을 자신은 명확히 모르고 있었을 뿐입니다. 그러니 세심하게 자신의 상태를 볼 필요가 있습니다.

체험이란 특별한 것을 경험하는 이벤트가 아니라, 생각으로 구속할 수 없는 근본을 확인하는 일입니다. 생각으로 미칠 수 없는, 우주 삼라만상의 근원에 통하는 일입니다. 모든 것이 완전히 힘을 잃었을 때 완전한 자유가 도래합니다. 결국에는 나를 포함한 시공간, 내적·외적 세계, 우주 삼라만상이 온통 하나임이 스스로에게서 증명되어야 합니다.

이러기 위해서는 깨어 있을 수 있느냐가 중요합니다. 깨어 있다는 것은 지금 이렇듯 일어나는 일에 대해 조작하거나 회피하거나 사로잡히지 않는 것입니다. 이 한 개의 진실이 스스로에게서 명백하게 밝혀지면, 챙겨야 하는지 챙길 필요가 없는지에 대해 의문이 일어나지 않습니다. 이러한 말의 흔적조차 남아 있지 않습니다.

8. 방향 전환

실상을 깨닫지 못한 이를 불교에서는 '범부 중생'이라고 합니다. 범부 중생은 뒤집어진 견해를 가지고 세상을 보는 이들을 말합니다. 실상은 드러나는 현상 그대로가 하나의 성품일 뿐이어서 다른 일이 없는데, 드러난 모양에 속아 모든 것이 따로 있다고 분별하고 취사선택합니다. 나와 나 아님이 있고, 내적 세계와 외적 세계가 있고, 온갖 것이 다양하게 존재한다고 봅니다. 그러나 실상은 나와 나 아님, 내적 세계와 외적 세계, 그리고 모든 것이 결코 분리될 수 없는 평등한 하나입니다.

어떻게 이런 자각이 찾아올까요? 진실에 대한 간절한 마음이 모든 잡다한 생각들을 녹여 버립니다. 오직 자기의 본성을 깨닫겠다는 일념 하나로 바른 안내를 받다 보면 자신도 모르게 변화가 찾아옵니다.

간절한 열망으로 '이것이 무엇일까?' 라는 의문을 심화시키다 보면, 온갖 생각이 사라지고 의문에 사로잡히게 됩니다. 이때 문득 자기의 본성을 보는 경험을 하게 됩니다. 순식간에 목마름이 자취를 감추고 안도감이 밀려옵니다. 꽉 막혔던 체증이 쑥 내려가는 시원함도 밀려옵니다. 막혔던 일에서 뚫렸으니 이러저러한 심리 현상이 동반됩니다. 가장 큰 특징은 궁금함이 사라진다는 것입니다. 그동안 스스로를 압도하던 의문이 사라져 버리고 이것과 내가 둘이 아니었다는 자각이 찾아옵니다.

그래서 이전에는 하나하나가 의문투성이었다면, 이제는 하나하나가 모두 진실할 따름입니다. 아무런 문제가 없이 만족스러운 기간이 짧을 수도 있고 길게 이어질 수도 있습니다. 이제는 찾을 필요가 없다는 안도감에 쉴 수 있게 됩니다. 그러나 이러한 심적 현상이 영원하지는 않습니다. 물론 모든 공부인에게 적용시킬 수는 없지만, 이때의 안도감은 이전의 답답함이 풀리면서 얻게 된 안도감이고 즐거움이라고 할 수 있습니다. 사실 본성으로 보면 달라진 것이 결코 없습니다. 그러니 이때의 환희는 흔들림 없는 안심, 깊은 휴식이 아니라, 흔들림을 감추고 있는 안도감입니다.

왜 이게 일시적이어야 하는지 많은 사람들이 의문을 갖고 납득하지 못해합니다. 그래서 더 확실한 경계를 동반한 체험을 갈망하며 방황하기도 합니다. 왜 이런 문제가 발생할까요? '아직 안목이 분명하지 않아서 그렇다. 여전히 분별하는 습관이 남아 있어서 그렇다. 확철대오를 하지 않아서 그렇다. 찾는 마음이 끝나지 않아서 그렇

다……'

물론 이 모든 말이 다른 말이 아닙니다. 스스로 분명하게 깨닫고 보면 이 말이 모두 같은 말임을 알게 될 것입니다. 저는 이렇게 표현하고 싶습니다. 진정한 방향 전환이 이루어지지 않아서 그렇다고. 뒤집어진 쪽으로 향하던 시선이 아직 완전히 바뀌지 않아서 불안과 혼란이 지속되는 것이라고.

'내가 따로 존재한다.'는 무의식적 관념은 분별심의 핵입니다. 이 아상(我相)이 여전히 강하게 자리 잡고 있기 때문에 혼란스러운 것입니다. 이 '내'가 분별하여 무언가를 얻으려는 마음의 습관에 지배당하고 있음을 간파하지 못한 것입니다.

이 방향 전환이 공부에 아주 중요한 전환점입니다. 이것은 누가 대신해 줄 수 없는 일입니다. 스스로가 스스로의 행태를 간파하지 않으면 돌이킬 수 없는, 마음의 습관입니다. 이 자리를 체험하고 나름대로 의기양양한 적이 있었습니다. 본성을 체험한 후 3년 정도는 오히려 이 체험이 에고를 강화하는 쪽으로 흘러가지 않았나 싶습니다. 불교에 대해 아무런 배경 지식도 경험도 없는 상태에서 법문만 듣고 6개월 만에 본성을 체험했다는 것은 나를 꾸미는 또 하나의 장식품이 되어 버린 것입니다.

이 체험이 아상을 강화하는 쪽으로 변신하리라곤 상상도 못했습니다. 그처럼 우리의 분별심은 끈덕지고 교묘하고 변화무쌍하며 틈새를 잘 노립니다. 이전에는 세속의 모든 것들로 스스로를 장식했다면, 이제는 고상한 '도'를 가지고 스스로를 장식해 버린 것입니다. 체험 직후 사소한 일들은 크게 문제가 되지 않았습니다. 마음이 가지도 않았습니다. 대신 이것을 깨달았다는 자만심이 일어나면서 이제는 내면을 고상하게 장식했습니다. 바깥일은 돌아보지 않은 대신, 안을 고상함으로 장식한 분별심에 지배당하고 있었습니다.

겉으로는 가난한 척, 속으로는 고상한 마음 가득. 그러나 이것이 커다란 굴레라는 것을 그때는 몰랐습니다. 스스로 감당할 수 없는 경계를 만나지 않았다면 여전히 이러고 있을 것입니다. 이런 미묘한 경계는 자신밖에 모릅니다. 어느 누구도 자기 내면에서 무슨 일이 일어나고 있는지 세밀히 알 수 없습니다.

언제나 자신의 공부를 있는 그대로 보고 인정해야 합니다. 조작하려는 마음, 치장하려는 마음의 습관을 잘 살펴보아야 합니다. 자꾸 고요해지려 하고, 안정을 갈구하고 있는 것은 아닌지, 자꾸 마음을 긍정적인 상태로 조작하려 드는 것은 아닌지, 내가 원하는 방향으로 상황을, 그리고 공부라는 것을 몰고 가려 하고 있는 것은 아닌지, 법을 삶의 도구로 활용하려 드는 것은 아닌지.

내가 법을 다루는 길이 아닙니다. 법을 삶의 편리한 도구로 이용하는 길이 아닙니다. 그것은 분별심의 교묘한 책략입니다. 진실에는 예외가 없고, 조건이 없으며, 도구화할 주체도 객체도 없습니다. 언제나 진실이 전부일 뿐이며, 나머지는 아무 의미가 없습니다. 나라는 자의식은 한없이 미약해지고 아무것도 아닌 것으로 전락해 사라지는 일입니다. 진실이 앞서고, 진실이 전부여야 하는데, 극복되지 못한 '나'라는 분별심이 포장을 바꾸어 법이라는 이름으로, 공부라는 이름으로 교묘하게 조작합니다.

나는 아무것도 아닌 것입니다. 도(道)는 참으로 인정머리가 없습니다. 그러나 이게 전부임이 받아들여지면, 더 큰 평화와 어떤 일에도 흔들림 없는 고요가 머물게 됩니다. 아무 할 일이 없어서 한없는 영혼의 쉼을 경험할 것입니다. 참다운 방향 전환이 찾아와야 합니다. 진실로 진실 앞에 모든 것을 내려놓을 수 있어야 합니다. 이 지독한 '나라는 것'이 허상임이 훤히 밝혀져야 합니다.

9. 왜 아직도 혼란스러운가?

한 도반에게서 전화가 왔습니다. 체험한 이후 더 혼란스럽고, 자신의 내면을 적나라하게 보게 되니 석가모니 얼굴에 먹칠하는 것 같다고, 공부를 그만두고 싶답니다.

저 또한 비슷한 시기를 거쳤습니다. 그 당시에는 그게 공부인지 뭔지도 모르고 지냈습니다. 확인한 것은 아주 미약하여, 챙길 때만 눈앞에 있는 것 같고, 그렇지 않고 일상생활 속에 있을 때는 흔적도 없이 날아가 버린 듯한 느낌이 들었습니다. 사실 그때는 '공부가 왜 이래?' 라는 생각도 못했습니다. 나날이 맞이하는 경계가 더 선명하게 드러나고, 거기에 흔들리는 마음이 더 적나라하게 드러나고, 스스로 휘둘리는 모습이 실망스러웠습니다. 스스로의 존재가 너무도 초라하고 보잘것없었습니다. 석가모니의 얼굴에 먹칠한다는 느낌을 가질 여유조차 없었습니다.

말로는 이 모든 게 하나라고 되뇌지만, 몸과 마음은 천 갈래 만 갈래였습니다. 온 우주가 한 덩어리라느니, 문득 하나가 되었다느니 하는 말은 사치 중의 사치였습니다. 자기기만이었습니다. 눈앞의 한바탕이 전부라는 말은 제 말이 아니었고, 죽은 말이었습니다. 사실 그러기를 바라지도 못했습니다.

경계 따라 물결치는 것이 지나쳐서 이러다 딱 미치기 좋겠다 싶은 지경에 이르러서야 자기가 자기를 기만하고 있었다는 각성이 들었습니다. 이 공부는 아는 공부가 아니라는 사실이 철저해졌습니다. 생존하기 위한 공부였고, 사무쳐야 하는 공부였습니다. 그렇지 못한 공부는 아무짝에도 쓸모가 없었습니다. 자기의 밑바닥을 어떠한 치장도 없이 들여다보지 않고는 온전히 해낼 수 없다는 사실을 깨달았습니다.

자기를 적나라하게 보는 공부입니다. 이것은 자기밖에 할 수 없습니다. 자기의 정체를 뚜렷이 보지 못한 사람은 한 덩어리가 되었든 두 덩어리가 되었든 모두 그저 말일 뿐입니다. 자기가 갇힌 생각의 감옥을 뚜렷이 보지 못한다면 아무 힘이 없습니다.

깨달음을 얻는 공부가 아닙니다. 원만한 무언가를 성취하는 공부가 아닙니다. 본래 깨달음은 완전합니다. 다만 공부라고 한다면 자기 스스로 갇힌 생각과 감정, 관념의 정체를 뚜렷이 보아 본래 그런 일이 없음을 깨닫는 공부입니다. 지금 자신의 아름답지 못한 상태가 뚜렷이 보인다면 아주 공부를 잘하고 있는 것입니다. 예전에는 회피하고 합리화하고 빠져들던 생각과 감정을 보고 있다는 것입니다. 예전에는 미처 보지 못하고 외면했던 것들이 시야에 들어오고 있다면 분별심에서 깨어나고 있다는 증거입니다.

이러한 때 다시 자신의 내면을 아름답게 장식하거나 편안하게 만들 의지처를 만든다면 다시 어둠 속으로 빠져드는 것입니다. 스스로의 구속에서 풀려나는 공부입니다. 의지함 없이 스스로 서는 일입니다. 끝내 잡은 것 없고 걸친 것 없는 본성만이 존재함을 확인하는 일입니다. 동료를 만들지 마시고 의지할 만한 수레를 타려 하지 마십시오.

어떠한 것에도 의지하지 말고 있는 그대로를 보십시오. 그게 추한 모습이어도 상관없습니다. 추하다고 느껴지는 것은 그것이 추해서가 아니라, 생각의 찌꺼기들이 개입된 것일 뿐입니다. 당신의 지금 그대로의 모습은 추한 것도 아니고 아름다운 것도 아닙니다. 그냥 있는 그대로이고, 이것이 진실일 뿐입니다.

10. 탐구의 길, 헌신의 길

깨달음 공부의 길을 두 가지로 나누어 말하기도 합니다. 탐구의 길과 헌신의 길입니다. 탐구의 길은 진실이 무엇인지, 본성이 무엇인지 탐구하는 접근입니다. 우주 만유의 근원을 깨달아 들어가는 것입니다. 불교에서 말하는 가르침이 대체로 탐구의 길에 해당한다고 볼 수 있습니다.

그런데 우리가 흔히 아는 탐구는 탐구자와 탐구 대상이 따로 있어서 탐구자가 탐구 대상을 분석하고 이해하며 설명해 들어가는 과정이지만, 마음공부에서의 탐구란 탐구자와 탐구 대상이 따로 없는 근원적 탐구입니다. 즉, 탐구자의 근원이자 탐구 대상의 근원, 주객의 근원에 대한 깨달음입니다.

이에 반해 헌신의 길을 말할 때는 진리 혹은 신에 대해 모든 것을 내맡기는 접근입니다. 기독교 등 신을 섬기는 종교에서는 무조건적인 헌신을 강조하는데, 자신의 본성을 깨닫는 공부에서도 헌신을 얘기할 수 있습니다. 헌신이란 '나'를 돌아보지 않고 모든 것을 내맡기는 행위입니다.

자기를 내려놓는 헌신의 길이 깨달음의 길이 될 수 있는 것은 '나'라는 자의식이 근본을 깨닫는 데 방해가 되기 때문입니다. 근원에서 일어난 '나라는 생각'이 자기가 주재자인 양 행세를 하기에 근본이 가려지는 것입니다. 그래서 전적으로 자기를 내려놓을 수 있다면 근본을 깨닫는 것은 어렵지 않습니다.

그러나 실제 공부를 하다 보면 탐구의 길이 따로 있지 않고 헌신의 길이 따로 있지 않음을 경험하게 됩니다. 공부란 자기로부터의 해탈이자 근본 성품이 드러나는 일이기 때문입니다. 굳이 공부길을 탐구와 헌신이라는 도식화된 언어로 설명할 필요는 없지만, 이해를 돕기 위해 말하자면, 탐구의 자세와 헌신의 태도가 함께 해야 합니다.

문득 이 자리를 체험하면 '나라는 것'도 뜬구름 같은 것임을 보게 됩니다. 그저 마음의 투영이라는 자각이 옵니다. 그러나 평생을 내가 세상의 주인으로 살아온 우리는 이 '나라는 관념'에서 쉽게 자유롭지 못합니다. 시도 때도 없이 내가 앞서서 '내가 공부한다'는 착각을 불러일으킵니다. 사실 이 공부는 내가 하는 공부가 아니라 본래 나와 너가 따로 없음을 깨닫는 공부라고 할 수 있습니다.

본성은 깨닫기 전이나 깨달은 후나 변함이 없습니다. 본래 아무 일이 없는데, 나라는 것이 공부를 한다고 설쳐댑니다.

내가 공부하는 것이 아닙니다.
내가 깨닫는 것이 아닙니다.
내가 안정을 찾는 것이 아닙니다.
내가 무엇을 이루는 것이 아닙니다.

내가 따로 존재하지 않음을 사무치게 확인할 뿐입니다. 그러니 나를 돌아보지 않고 오로지 진리에 헌신해야 합니다. 인연에 내맡길 수 있어야 합니다. 물론 인연 따라 온갖 일을 하지만 '나'의 실체감, 특별함, 주도성은 습관화된 관념일 뿐임을 투철히 볼 수 있어야 합니다.

나의 모든 욕망과 의도와 계산과 거래가 부질없음을 보아야 진실에 계합할 수 있습니다. 공부를 하다 보면 때론 처절한 느낌도 들고, 자기 존재가 무력해지는 느낌도 들 것입니다. 그러나 우리 존재 자체가 그러한 것이 아니라 분별심이 저항하는 것입니다. 그런 느낌을 받더라도 자신을 돌아보지 않아야 합니다. 본성에는 어떤 느낌도 없고, 생각도 없고, 기준도 없습니다. '나'라는 그릇된 관념이 사라지면 본래 대자유였음을 실감할 것입니다.

11. 선지식

우연찮게 자기의 본성에 대한 체험이 있다고 하더라도, 생각의 습관은 끈질기고 교묘한 까닭에 완전히 극복하기가 어렵습니다. 그래서 생각의 구속을 벗어난 선지식(善知識)과 꾸준히 교류하면서 세밀한 안내를 받아야 합니다. 이것을 선에서는 훈습(薰習)이라고 합니다. 분별하는 익숙한 습관에서 벗어나 분별하지 않는 습관을 길들이는 것입니다. 자기도 모르게 사로잡혀 있는 미세한 분별들을 조복시켜 나가는 세심한 과정이 필요합니다.

그래서 마음공부에 뜻이 있다면 바른 안목을 갖춘 선지식을 만나라고 말하고 싶습니다. 선지식이란 자신과 온 우주 삼라만상의 근본을 깨달아 투철히 밝힌 존재입니다. 물론 투철히 벗어나고 보면 벗어난 자취가 없어서 눈에 보이는 차이는 없습니다. 깨달았다는 생각도 없고 자신이 선지식이라는 생각도 없습니다. 그러나 그림자와 같은 일들에 흔들리지 않는 삶의 평화가 깃들어 있으면서, 생각에 사로잡혀 있는 이들의 심리를 잘 이해하고 돌봐 줄 수 있습니다. 자신이 직접 겪어 본 일들이기에 분별심리에서 벗어날 수 있는 방법을 적절히 안내하며, 공부인들 스스로 생각의 굴레에서 벗어날 수 있도록 자극합니다.

이 공부는 하루아침에 결실을 맺을 수 없습니다. 훌륭한 선지식을 만난다 하더라도 꾸준한 관심과 몰입, 진실한 참여가 없다면 분별 망상을 극복하여 대자유를 맛보기가 참으로 어렵습니다. 꾸준히 관련된 서적을 본다거나, 혼자 이런저런 궁리를 해 본다거나, 나름대로 마음을 다스리는 수행을 할지라도 자기도 모르게 사로잡혀 있는 분별을 알아차리기는 쉽지 않습니다. 태어난 이후 계속 생각의 굴레 속에서만 살아왔기 때문입니다.

그래서 분별에서 벗어나는 일은 한 번도 가 보지 않은 미지의 세계를 가는 것과 같습니다. 정확한 지도도 없고, 동반자도 없는 이가 혼자 무인도를 헤맨다고 생각해 보십시오. 그러나 길을 잘 알고 그 길을 스스로 가 본 사람과 동행한다면 시행착오를 줄이며, 제대로 길을 갈 수 있을 것입니다.

이 공부를 성취하고 싶다면 눈 밝은 사람과 마음을 열어 놓고 교류할 필요가 있습니다. 그러할 때는 자신의 공부에 대해 숨김없이 다 드러내 놓아 무엇이 바르고 무엇이 잘못되었는지 점검받는 것이 무엇보다도 중요합니다. 그냥 가까이 앉아 있다고 덩달아 함께 가는 것이 아닙니다. 왜냐하면 마음공부의 길은 저 밖으로 향하는 길도 아니고, 눈에 보이는 지도가 있는 것도 아니기 때문입니다. 그러니 눈 밝은 선지식의 시의적절한 안내를 받으며 직접 참여하는 것이 시행착오를 줄이는 길입니다.

12. 미지의 세계로

기지(旣知)의 세계란 어떤 세계인가요? 여러 가지 것들이 있는 세계입니다. 사물이 있고, 사람이 있고, 각종 동물과 식물, 이름 있는 것, 이름 없는 것들이 독자성을 가지고 존재하는 세계입니다. 그런데 이 수없이 많은 것들의 공통점은 끊임없이 변해 간다는 것입니다. 새롭게 탄생하고 시간의 흐름에 따라 허물어져 버립니다.

이 끊임없는 변화는 우리를 불안에 빠뜨립니다. 나라고 여기는 이 몸도 결국 사라져 버릴 것이기 때문입니다. 생사의 문제는 우리를 극도로 불안하게 합니다. 뿐만 아니라 우리는 자기에 대한 스스로의 평가가 늘 못마땅합니다. 타인과 비교해 못났고, 부족하고, 가난하고, 선하지 않고, 능력이 없습니다. 물론 몇몇은 평균 이상이라 여기나 만족스러운 수준은 아닙니다. 이런저런 평가들이 스스로를 주눅 들게 합니다.

그래서 이것을 보완하려고 쉼 없이 노력합니다. 자신과 자신의 소유물들을 더 멋지게 만들고, 더 많이 거두어들여, 더 훌륭하게 장식하며, 더 강인하고, 더 빛나는 것으로 키우려고 노력합니다. 설사 노력하지 않더라도 그 불안과 불만족을 여전히 자신의 일부처럼 가지고 살아갑니다.

그러다가 거듭 만족을 못하니 이 불만과 불안을 더 수준 높은 차원에서 해결해 보려고 시도합니다. 바로 도(道)의 길을 가는 것입니다. 한결같은 것, 어떠한 상황에도 흔들리지 않는 것, 어떠한 것에도 오염되지 않는 진실을 찾아 길을 떠나는 것입니다.

길을 떠나긴 했으나 딱히 확실한 길이 보이지 않습니다. 어디로, 어떤 방법으로, 무엇에 의지해 가야 실패를 모면할지 뚜렷하게 보이지 않습니다. 영성 서적을 탐독하기도 하고 여러 종교를 기웃거리기도 합니다. 사람을 찾아 이리저리 헤매다가 다행히 믿음이 가는 사람을 만나면 그에게 의지하기도 합니다. 그러나 속이 시원하지 않습니다.

기지의 세계에서 익힌 방법으로 도를 구하기 때문입니다. 때론 불만과 불안이 가시는 듯도 하지만 어떤 조건화된 상태에서 벗어나면 여전히 그 자리입니다. 불안과 불만족이 그림자처럼 따라붙습니다. 앞날이 두렵고, 영원히 이 굴레에서 벗어날 수 없을 것 같습니다.

그러다 어떤 계기를 통해, 구할 필요가 없음을 문득 깨닫게 됩니다. 아주 운이 좋은 경우입니다. 어쩌면 그만큼 간절했기 때문인지도 모르겠습니다. 세상에 감사하게 되고 그동안의 인연에 감사한 마음이 가득합니다. 날아갈 것 같고 몸과 마음이 한결 가벼워진 느낌도 듭니다. 이제 더 이상 헤매지 않아도 된다는 안도감이 평화를 가져다 줍니다. 도의 길을 떠난 것을 참으로 잘했다 싶기도 하고, 이런 생각지도 못한 세계가 있었다는 것이 놀랍습니다. 늘 이 세계에서 살고 있었다는 사실이 참으로 신기합니다. 묵은 갈망과 체증이 싹 가시는 듯합니다.

그런데 시간이 지나면서 무언가 빠져나가는 느낌이 듭니다. 미심쩍음이 일기도 하고, 이전의 명료함이 사라지는 듯 여겨지기도 합니다. 설법을 알아듣고 무엇을 가리키는지에 대한 감이 없는 것도 아닌데, 무언가 사라져 버렸다는 느낌이 스멀스멀 일어납니다. 특별한 경험 이전처럼 여전히 대상경계에 맥을 못 추는 자신을 보면 화가 나기도 하고 실망스럽기도 합니다. 점점 길을 잃어버린 것 같은 상실감, 방법이 없는 것 같은 막연함이 가로막습니다.

그러나 그것은 무언가 스멀스멀 빠져나간 것이 아니라, 일시적으로 힘을 잃었던 분별심이 다시 체험의 여운이 가시면서 힘을 회복하기 때문에 일어나는 현상입니다. 분별심을 명확히 꿰뚫어 보는 안목을 갖추지 못했기 때문입니다. 그래서 체험에 대한 집착이 발동하고 뭔가 잡으려는 분별심이 혼란을 일으킵니다.

진정 어디로, 어떻게 가야 하는지 구체적으로 제시받고 싶습니다. 그러나 어떻게 해야 할지 명확히 제시해 주는 사람도 없는 것 같고, 제시해 준다 하더라도 가슴에 와 닿지 않습니다. 남의 말 같고 생명력이 없는 느낌이 듭니다. 과연 그렇게 한다면 저절로 명확해지는지 확신이 서지 않습니다.

순간적으로 기지의 세계가 일소되고 본래 텅 비어 아무 일 없는 본성을 체험했지만, 일시적이었습니다. 분별된 모습을 따라가는 기지의 습관이 체험을 계기로 잠시 힘을 잃었지만, 그 여운이 가시면서 여전히 이전의 습관이 힘을 받고 작동하는 것입니다.

뒤로 물러나지도 못하고 앞으로 나아가는 것도 아닌 상황. 그러나 두꺼운 구름이 깔려 있는 듯하다가도 문득 툭 쉬어지는 순간을 경험합니다. 이게 한결같지 않기에 공부가 된 것도 아니고 안 된 것도 아닌 어정쩡한 상태입니다.

어떨 때는 길을 떠나기 이전보다 더 불안한 느낌이 밀려듭니다. 이 길을 떠나지 않았다면 이러한 고민과 갈등은 없었을 것 같은 후회도 생깁니다. 그렇다고 이전의 상태로 되돌릴 수도 없습니다. 이미 체험을 통해 알고 있고 익숙했던 세계가 진실이 아니라는 사실을 깨달았기 때문입니다. 이제 현실 생활도 제대로 할 수 없고, 현실을 훌쩍 벗어나 자유자재하지도 못합니다. 우주의 미아가 된 것 같은 불안감을 간직한 채 떠날 수밖에 없습니다. 마지막 남은 소원은 이 불안과 미진함이 가시기를 바라는 것. 길이 끝나야 제자리로 돌아올 수 있습니다.

이 미지(未知)의 세계로의 여행은 한편으로 흥미로운 구석이 있습니다. 이전과는 판이하게 다른 내적 풍경을 보여 줍니다. 습관적으로 보고, 듣고, 알고, 익히고, 저장하고, 구성하고, 쌓아 올려 나가는 것에 익숙했다면, 이 여정은 점점 더 불분명하고, 아무것도 모르는 바보가 되는 듯합니다.

'아는 것' 보다 '아는 일' 에, '보는 대상' 보다 '보는 이 자체' 에, '들은 내용' 보다 '지금 이렇게 듣고 있는 일' 에 마음이 갑니다. 그러다 보면 보고 듣고 알더라도, 보고 듣고 알게 된 어떤 것이 쌓이는 느낌이라기보다 금세 사라져 버리는 경험을 하게 됩니다. 분명 예전처럼 보고 듣고 알기는 하는데, 보고 듣고 알면서도 보고 듣고 안 것이 없다 할까요?

그러니 한편으론 바보가 되는 듯하여 낯설고 종잡을 수 없다가도 마음이 많이 가벼워진 자신을 보면 놀랍습니다. 참으로 낯선 풍경입니다. 생각에 떨어진다는 것의 위험을 실감하게 됩니다. 생각에 사로잡히면 그 생각이 살아 있는 마왕처럼 온갖 위력을 발휘하는데, 생각에 떨어지지 않으면 아무런 위력도 없음을 금방 경험합니다.

점차 공부길에 대한 안목이 열립니다. 생각을 따라가지 않으면 저절로 쉬어지는 효험을 경험하면서 공부를 어떻게 해야 하는지 말로 딱 꼬집어 설명할 수는 없지만 스스로 체득해 갑니다. 일상생활은 예전과 다르지 않습니다. 그러나 일상생활의 위력은 예전과 다르게 많이 감소합니다.

처음에는 미지의 세계로의 내디딤이 두려웠지만 점점 익숙해집니다. 생각이 일어나는 게 잘 보이고, 마음이 인연 따라 움직이는 것도 잘 감지합니다. 안목이 생기면서 미세한 분별망상들도 세밀하게 보이기 시작합니다. 어떠한 노력도, 조작도 필요 없는 자리에 대한 힘이 붙으면서 분별에 저절로 휘둘리지 않게 됩니다. 힘이 생길수록 안목이 날카로워지고 안목이 날카로워질수록 힘이 붙습니다. 공부하는 것에 한결 힘을 덜게 되고 저절로 되어 가는 맛이 납니다. 그러나 왠지 모르게 미진한 구석은 있습니다. 그게 크게 도드라져 보이지 않지만 말입니다.

그러다가 어느 순간 깨달음이라는 것, 도라는 것도 기지의 습관으로 그림 그리고 있었다는 것을 명백히 보는 순간을 맞이하게 됩니다. 조금이라도 말할 수 있는 것, 이름 붙일 수 있는 것들은 다 이 말을 붙일 수 없는 것의 표현일 수밖에 없다는 자각이 옵니다. 드러나는 모든 것이 이 한 개의 일을 떠나지 않았다는 명명백백한 통찰이 생깁니다.

도를 향한 마음이 멈춥니다. 미지의 세계로 향하던 길이 끊어집니다. '미지의 세계' 라는 기지의 세계에 속고 있었음을 보게 된 것입니다. 도의 꿈을 꾸고 있었음을 깨닫게 됩니다. 도의 길이 따로 있는 게 아니라 기지의 세계 그대로 도였음을 확연히 보게 됩니다. 도의 길이 사라져 버리는 대신 도에 본래 길이 없었음을 자각하게 됩니다. 이 기지의 세계의 변화와 흐름 그대로 변하지도 흐르지도 않는 도였음을 보게 되는 것입니다.

도(道)는 길입니다. 길은 떠나라고 있는 것입니다. 그러나 이 길은 본래 길이 없었음을 깨닫기 전까지 끝나지 않을 것입니다.

13. 내가 소를 길들일 수는 없다

〈심우도(尋牛圖)〉는 불교 선종에서 본성을 깨닫는 과정을 소를 찾는 것에 비유한 그림입니다. 선(禪) 공부의 여정을 소와 동자를 출현시켜 10단계로 나누어 설명하고 있어서 십우도(十牛圖)라고도 합니다.

동자가 소를 찾아 떠납니다. 우연히 소의 발자국을 보고 그 자취를 따라가다 소를 보고 잡습니다. 야생의 소는 쉽게 길들여지지 않습니다. 밀고 당기기를 거듭하는 과정에서 동자는 채찍과 고삐로 소를 길들입니다. 그런 다음 소의 등에 올라타서 유유자적 집으로 돌아옵니다. 집으로 돌아온 후에는 채찍과 고삐도 놓아 버리고 소도 사라지고 동자도 사라져 텅 빈 공간만 남습니다. 그러고는 다시 자연 그대로의 상태로 돌아와 저잣거리로 나가서는 사람들을 만난다는 내용입니다.

사람이 미혹에서 벗어나 '깨달음으로 가는' 여정을 이해하기 쉽게 간단한 그림과 시로 보여 주고 있습니다. 마음공부 하는 이들에게 마음공부의 내적 여정을 훌륭하게 설명해 주고 있습니다. 그러나 이 그림에는 자칫 오해의 소지도 있습니다.

득우(得牛), 즉 소를 얻는다는 것은 본성을 체험하는 것에 비유할 수 있고, 소를 잘 길들여 나가는 것(牧牛)은 분별없는 본성에 익숙해지는 것으로 볼 수 있습니다.

그러나 여기에서 '동자가 소를 길들인다'는 것은 오해할 수도 있는 부분입니다. 본래 완전한 본성을 깨닫지 못하는 원인이 '나'라는 분리에서 비롯되므로 '동자(나)가 소를 본다', '동자(나)가 소를 잡는다', '동자(나)가 소를 길들인다'는 것은 오히려 '나'가 주체가 되어 이끌어 가는 공부로 받아들일 수도 있습니다.

내가 본성을 보고 얻고 길들인다는 입장에서 체험 이후의 공부를 해 나간다면 적지 않은 혼란과 장벽을 만날 것입니다. 내가 본성을 보고 얻고 길들이는 것이 아니라, 인연이 되어 본성이 저절로 드러나 밝아지고, 이 과정에서 '나'라는 자의식이 소멸되는 과정이라고 말할 수 있습니다.

본성을 체험하고 나서 겪게 되는 혼란은 대체로 '나'라는 것이 공부를 주도하려는 데서 비롯됩니다. 본성에 대한 체험을 한 후 우리는 흔히 이것을 자기 것으로 만드는 경향이 있습니다. 어렵게 얻은 것이니 잃지 않으려고 이 자리, 이것에 집착합니다. 이 자리, 여기에 있으면 아무 일이 없는 것 같아 편안하기에 그 맛에 집착합니다.

물론 이 공부의 맛을 보아 더 힘을 얻고 나아가는 임시적인 안주라면 나쁘지 않습니다. 그러나 시간이 지나면서 여러 가지 인연을 만납니다. 그럴 때 편안함에 탐착하여 산란한 경계를 피하려 하고 고요하게 만들려는 조작을 자기도 모르게 시도하게 됩니다. 그것이 소를 길들이는 오후(悟後) 보임(保任)이라 착각하기도 합니다.

그러나 원래 번뇌는 내가 세상을 통제하려는 데서 비롯되었습니다. 세상의 인연은 나의 뜻과 상관없이 나고 사라집니다. 내가 젊음을 유지하고 싶다고 유지되는 것도 아니고, 죽고 싶지 않다고 죽지 않는 것도 아니고, 행복하게만 살고 싶다고 그렇게 되는 것이 아닙니다.

이런 심리는 나라는 분리된 존재를 유지하려는 태도입니다. 나의 안위, 나의 안전을 위해 세상과 끊임없이 투쟁하고 긴장합니다. 일시적으로 편안함과 행복을 맛보았더라도 이것을 유지하려고 마음으로 끊임없이 애씁니다. 마치 호수에서 우아하게 노니는 백조가 수면 아래서는 쉼 없이 발로 물을 젓고 있는 것처럼. 해탈은 바로 이 근원적인 불안에서 벗어나는 것입니다.

근원적 해탈은 분별된 '나' 라는 것이 본래 존재하지 않음을 깨닫는

데서 비롯됩니다. 나의 허상이 만천하에 드러나야 나의 안위를 위한 투쟁이 멈추어집니다. 그러니 마음공부에서조차 자칫 나를 위한 노력과 투쟁을 하고 있지는 않은지 돌아보아야 합니다. 내가 편안해지기 위한 공부가 아니며, 내가 행복해지기 위한 공부가 아닙니다. 이것은 한계가 있는 편안이며 조건적인 행복입니다. 불편과 불행이 어느 때든 침범할 수 있는 편안과 행복이어서 마음 놓고 쉬지 못합니다.

나의 행복도 불행도 넘어서야 합니다. 나의 편안과 불편도 넘어서야 합니다. 나를 넘어서야 합니다. 그러니 나를 돌아보지 않을 일입니다. 내가 본성 속에 녹아들어 버리는 길입니다. 내가 소에 익숙해지고 내가 소에 길들여지고 결국에는 소도 사라져, 이 꿈같은 여정이 본래 시작도 하기 전에 본래 그대로였음을 깨달을 뿐입니다.

이 세상은 분별심의 눈으로 보면 모든 것이 변하고 변하여 덧없습니다. 하지만 본성의 눈으로 본다면 이 허망하고 덧없는 것들 그대로가 본성이어서 아무런 일이랄 것이 없습니다. 굳이 얘기하자면 모든 것이 멈춤 없는 생동감으로 한결같다고 할 수 있습니다. 여기에 나라는 것을 포함해 세상 모든 것이 물거품 같은 것입니다. 물결로 드러난 내가 물을 통제하고 길들이는 길이 아닙니다. 그저 나라는 것이 그림자와 같고 물결과 같음을 깨달아, 그동안 나라는 물결이 물이라는 본성을 얻고 통제하려 했던 착각에서 벗어날 뿐입니다.

행복이 찾아와도 맞아들이고, 불행이 찾아와도 맞아들입니다. 혹은 행복이 찾아와도 놓아 버리고, 불행이 찾아와도 놓아 버립니다. 행복에서도 깨어나고 불행에서도 깨어난다고 말할 수 있습니다. 본성은 나의 행복, 불행과 상관이 없지만, 행복과 불행을 벗어난 것도 아닙니다.

나의 안위에 상관된 모든 것을 돌아보지 않는 것이 바로 소에 길들여지는 것입니다. 이것이 바로 소와 나가 따로 없는 일입니다. 처음 본성을 체험했을 때는 심적으로 소(본성)가 따로인 듯 여겨지겠지만, 이것은 나라는 것이 여전히 따로 있는 듯한 분별의 습관 때문에 그렇게 보일 뿐입니다. 어느 순간 소가 따로 없었다는 깨어남이 일어나면서 나도 자연스럽게 따로 존재하지 않았음을 깨닫게 됩니다. 그래서 모든 깨달음의 여정이 꿈이었음을 보게 되어, 동자가 깨달음의 마음을 내기도 전에 본성은 완전했고 그 후의 여정 가운데서도 아무 일이 없었음을 여실히 볼 뿐입니다.

꿈은 계속되지만, 그저 꿈 그대로 깸임을, 분별된 세계 그대로 분별되지 않은 세계임을 스스로 납득할 뿐입니다.

14. 자기 공부만큼 보인다

마음공부를 하다 보면 법을 보는 눈이 각기 공부 정도에 따라 다름을 경험하게 됩니다. 처음 공부를 시작할 때는 우리가 세상을 보듯이 도(道)라는 것을 보게 됩니다. 내가 있고, 다른 사람들이 있는 것처럼 하나의 분리된 경계로 도를 구하게 됩니다.

분별된 어떤 경계 중 하나로서 완전한 어떤 것, 수승한 어떤 것, 특별한 마음 상태를 추구합니다. 그러다가 자신이 염원하는 어떤 경계를 만나면 그게 도인 줄 알고 머물게 됩니다. 이러한 경계는 신통한 능력이나 어떤 특별한 마음 상태입니다. 사람들의 마음을 읽거나, 미래를 예측하거나 시간을 초월하고 공간을 이동하는 능력, 몸을 자유자재로 다룰 줄 아는 능력 등 다양할 수 있습니다. 그리고 흔들림 없는 마음 상태라든지, 어떤 경계에 들어가서는 나와 세계가 하나가 된 듯하고 자기 몸이 사라지는 듯한 체험 등을 하면 그것이 도라고 여겨 그 상태를 유지하려고 합니다.

이러한 경향을 보이는 이유는 그동안 살아왔던 마음의 습관대로, 분별된 특정 의식을 도라고 여기고 구하기 때문입니다. 뭔가 특별하고, 신통하고, 일상적으로 경험하지 못하는 심적 상태를 추구하는 마음의 습관이 나타난 것입니다. 그야말로 '신통'하고 '신비한' 상에 걸맞은 경계이기에 많은 경우 여기에서 벗어나기 힘듭니다. 지혜로운 사람을 만나 특정 경계가 도는 아니라는 가르침을 듣더라도 이 감미로운 유혹을 떨쳐 버리기 힘듭니다.

이러한 경계의 공통점은 부단히 노력해야 하고 개발해야 하고 연마해야 한다는 것입니다. 마음이 쉬지 못합니다. 계속 조작을 일삼아야 하고, 온탕과 냉탕 사이를 오가는 것 같습니다. 들어갈 때가 있고 나올 때가 있습니다. 세계가 없어지고 나도 없는 듯하다가 돌아서면 다시 예전과 같은 상태로 전락합니다.

여기에서 한계를 느낀 사람은 다시 발심하거나 눈 밝은 선지식을 통해 모두 망상경계라는 얘기를 듣고 놓아 버리는 계기를 마련합니다. 그러면서 어떤 특별한 상태가 아닌 일상적인 경험 가운데 문득 눈앞의 진실을 체험하는 기회를 맞게 됩니다. 순간 눈앞이 또렷해지고 이것뿐이라는 실감이 옵니다. 이 경험을 통해 그동안 쥐고 있고 구속받고 있던 분별의식들이 많이 떨어져 나갑니다. 무언가를 애써 할 필요가 없음을 자각하게 됩니다. 속이 비어지고 번뇌가 사라지는 경험을 합니다. 애써 구할 필요가 없는 일이기에 마음이 안도감을 느낍니다.

그런데 시간이 지나면서 다소 혼란스러운 느낌을 받습니다. 자기도 모르게 법이 이런 것이라는 상을 짓게 되고, 자신도 모르게 그것을 고수하려 듭니다. 도반들이 법에 대한 얘기를 하면 자기 견해와 맞지 않아 충돌을 빚기도 합니다. 혹은 공부가 된 듯한 사람의 말과 자신의 견해가 달라 혼란에 빠지기도 합니다. 자신이 확인한 자리 이외에 뭔가 따로 있는 것 같은 느낌을 지울 수가 없습니다. 뭔가 확실한 게 있는 것 같은데 명확하게 손에 잡히지 않습니다. 눈앞에서는 밝은 것 같은데, 생각을 하거나 꺼려하는 경계를 만나면 아득해져 버립니다.

아직 법에 대한 안목이 밝지 않기 때문입니다. 미세한 분별의식이 여전히 작동되고 있습니다. 스스로 확인한 자리에 대한 힘이 부족하기 때문이기도 합니다. 오직 하나의 마음뿐임이 남김없이 밝혀지지 않았기 때문입니다. 이 자리가 부분처럼 느껴지는 이유는 법이 그래서가 아닙니다. 자신의 분별의식이 말끔히 가시지 않았기 때문입니다. 그래서 이 부족한 부분을 매우기 위해 어떤 경우에는 어록이나 경전 혹은 설법 속에서 반복적으로 제시하는 방편의 말을 정리하여 그것에 의지하려 듭니다.

특히나 이 시기에 잘 속는 것이 법에 대한 말입니다. 불이법(不二法), 우주가 하나다, 한 덩어리, 나와 남이 따로 없다, 마음도 없고 경계도 없다, 오직 마음뿐이다 등 그럴듯한 견해에 매혹됩니다. 또는 자기도 모르게 불만족스러운 공부 상태를 벗어나 흔들림 없는 완전한 깨달음의 경지를 맞이하는 것을 동경하기도 합니다.

여기에다 스스로 세운 불이법의 견해와 일치하는 체험, 즉 나와 바깥 세계가 순간적으로 일치하는 경험을 하면 자신의 공부가 진일보한다는 환상을 갖게 됩니다. 공부는 되어 가는 게 아니라 본래 완전한데, 경계의 변화를 보고 자신의 공부를 평가하는 것입니다. 부처의 경계도 없는데 공부인의 경계가 따로 있을까요? 그러나 이 과정에 있을 때는 그렇게밖에 보이지 않습니다. 여전히 공부길을 걸어가고 있다는 느낌을 지울 수가 없습니다.

이때를 잘 넘기는 게 중요합니다. 분별의식이 습관적으로 발동하여 생각 따라 흘러 들어가 버리기 십상입니다. 어떨 때는 아무런 불편함이 없는데, 다른 때는 온갖 것이 다 있고 뭔가 분명하게 밝히지 못한 부분이 있는 것 같은 느낌을 받습니다. 그러나 자기도 모르게 구속받고 있는 미세한 분별망상이 있을 뿐이지, 완전한 법, 완전한 공부 상태를 얻는 일이 아닙니다.

불이법은 어떤 경계를 두고 하는 말이 아닙니다. 이때 필요한 것이 공안(公案)을 통한 점검이나 선지식과의 진솔한 대화라고 봅니다. 의지하는 바를 모두 내려놓아야 합니다. 무언가를 쥐고 그것에 일치하는 경계에 머문다면 분별망상의 굴레에서 훌쩍 벗어나기가 어렵습니다. 스스로 의지할 바가 없어지면 저절로 분명해집니다. 분명해지려고 노력해서 분명해지는 것이 아님을 명심해야 할 것입니다.

그래서 항상 자신의 상태를 있는 그대로 드러내어 무엇이 바르고 바르지 않은지 점검하는 기회가 중요합니다. 공안이나 어록, 선지식의 설법을 보고 듣는 기회를 다양하게 갖는 것도 중요하다고 봅니다. 공안도 공안의 질문에 걸맞은 대답을 하기 위해서가 아니며, 어록을 보는 것도 억지로 이해하여 알음알이를 짓기 위한 것이 아닙니다. 스스로 미심쩍은 부분이 있는지 없는지를 점검하기 위한 것입니다.

자신이 공안에서 모호하면 공부가 부족한 것이고, 미심쩍은 구석이 있으면 미세한 분별의식이 작동되고 있는 것입니다. 공안은 그에 합당한 답을 묻는 것이 아니라, 어떤 공안, 어떤 질문에서도 자신의 본래 자리에서 흔들리지 않는지를 단련하는 공부 자료입니다. 특정한 대답을 해도 상관없고, 그러지 않아도 상관은 없습니다. 이 모든 질문과 대답이 말이 아니며 자기를 떠난 일이 아닌지를 여실히 볼 수 있느냐의 문제입니다. 이 시기의 모든 인연은 공부의 시험대라고 말할 수 있습니다.

결국에는 이치도 놓아 버리고 특별한 마음 상태에도 관심을 두지 않게 됩니다. 자신이 사로잡혀 있는 분별의식에서 풀려날 뿐, 법은 언제나 변함없었습니다. 그저 어떠한 상태에도 머물러 있지 않고, 어떠한 말도 돌아보지 않으며, 특정한 경계에도 속지 않을 뿐입니다. 아무것도 보지 않게 되고, 어떠한 것도 알지 못하게 되며, 어떠한 의도도 사라져 버릴 뿐입니다. 일상생활의 모든 일이 물샐틈없는 마음 하나이기에 따로 보는 법이 없습니다.

완전무결한 법의 상태를 얻고 보는 것이 아니라, 그냥 사물을 보는 것이며, 사람을 보는 것이며, 온갖 드러나는 인연을 보는 것입니다. 따로 보는 법은 없지만, 그 온갖 인연 그대로 부족한 적이 없는 일임이 당연할 뿐입니다.

본다면 전체를 보고, 보지 않는다면 아무것도 보지 않습니다. 본다면 아무것도 보지 않고, 보지 않는다면 전체를 본다 해도 상관없습니다.

15. 속았쪄!

제주도 사투리에 '속았쪄' 라는 말이 있습니다. 이 말을 무언가에 속았다는 뜻으로 이해하는 경우가 많습니다. 그러나 이 '속았쪄' 의 참뜻은 속았다는 뜻이 아니라 수고했다, 고생 많이 했다는 뜻입니다. 이 '속았쪄' 라는 말이 마음공부에 참으로 시사하는 바가 큽니다.

애써 진리를 찾을 것이라고 갖은 수행을 하고 온갖 곳을 찾아다닙니다. 밖을 향해 찾다가 그게 아니다 싶으면 안을 향해 찾아 들어갑니다. 이런 찾고 찾는 수고가 공부에 당연한 길처럼 여겨집니다. 물론 많은 말을 들은 바가 있어 이 찾음이 끝나야 종착지에 다다른 것이라 하지만, 찾는 마음이 쉽게 멈추어지지 않습니다.

이렇게 찾는 과정 가운데서도 정신을 차리고 보면, 우리가 살고 있는 삶은 변함이 없습니다. 생각에 사로잡혀 있을 때도 숨을 쉬고 있고, 때가 되면 어김없이 배는 고파서 밥을 먹어야 합니다. 목이 마르면 마실 것을 찾는 것은 여전하며 졸리면 잠을 잡니다.

그런데 우리는 이것에 별 관심이 없습니다. 오직 나를 구원해 줄 '도(道)'라는 것을 깨달아야 한다고 생각합니다. 먹는 일, 잠자는 일은 너무도 당연하여 돌아볼 생각을 하지 않지만, '도'를 깨닫는 것은 너무도 숭고하고 나를 온갖 고통에서 구원해 줄 것이기에 대단한 가치를 부여합니다.

몸이 고단한 줄도 모르고 앉아 있고, 잠이 와도 쫓아내며 정신을 차리려고 합니다. 온 우주가 하나로 합일되는 염원을 꼬옥 품고 정진하고 정진합니다. 석가모니 부처님, 여러 조사들이 깨달은 구경각을 꼭 이루어야 할 것 같습니다. 태어나 그들과 동등한 자리에 올라야 자신의 일상사는 물론이고 세상사 모든 일이 태평하게 정돈될 것 같습니다.

그러다 문득 자기의 한 생각이 모든 것을 드러냄을 경험합니다. '이런 세상이 있구나. 내 마음에서 모든 일이 벌어지고 있는데, 저 밖에 무엇이 있을 것이라고 찾았지?' 하는 순간을 맞이합니다. 그런 전환이 있고 나서는 이제 내면을 향해 들어갑니다. '내 마음, 참나가 이 순간 이 모든 것을 드러내고 있는데, 이 알 수 없는 것은 무엇인가? 꼭 밝히고 말리라.' 밑도 끝도 없는 이것은 있는 것 같지만 명확히 손에 잡히지는 않습니다.

그래서 쥐구멍 앞에서 고양이가 먹잇감을 기다리는 것처럼 바로 지금 여기 그 자리를 지키고 있습니다. 마음 같아서는 쥐구멍 속으로 뚫고 들어가고 싶은데 들어갈 수가 없습니다. 그곳은 몸과 마음이 들어갈 수 없는 세계입니다. 완전한 성취를 꿈꾸며 그저 지킬 뿐입니다. 소음이 들리거나 잡생각이 일어나 정신줄을 놓을 때마다 스스로를 질책합니다. 넋을 놓고 있었다는 자신이 원망스럽고, 경계에 끄달려 가는 자신을 보며 아직도 멀었구나 싶습니다. 꼭 저 쥐구멍 안에 먹음직스러운 무언가가 있어서 나의 모든 문제를 해결해 줄 것 같은데 그게 명확히 모습을 드러내지 않으니 감질납니다.

스스로 확인하지 못한 세계, 성인이 도달한 경지, 어떠한 것에도 흔들림 없는 상태를 추구하는 동안에도 바람은 불고 새는 울며, 배는 고프고, 때론 고단하여 잠에 빠집니다. 물론 예전처럼 커다란 격랑으로 출렁이지는 않지만 끝내 명확히 밝혀내지 못한 미진함이 있습니다. 공부는 이렇게 쥐구멍을 지키면서 평생 가는 것이려니 여겨지기도 합니다.

그런데 옛 선사들은 이런 말을 했습니다.

"깨달음란 도둑놈이 보물을 얻으려고 창고의 벽을 밤새도록 뚫었는데, 막상 창고 안에 들어가 보니까 창고가 텅 비어 있는 것과 같더라."

이런 말들은 많습니다. "얻은 것이 없다(無所得). 얻을 것 없음을 얻었다. 온 세상이 텅 비었음을 보고 모든 고통에서 벗어난다. 뿌리 없는 나무다. 뭔가 드러나지 않은 근원적 뿌리가 따로 있는 줄 알았는데, 드러나는 나뭇잎과 줄기 그것뿐이더라. 물이 따로 있는 게 아니라 물결이 물이더라."

그런데 참 어쩔 수가 없습니다. 스스로의 한 생각에 속고 있는 줄 어찌 알 수 있겠습니까? 무엇이 쥐구멍 속의 세계를 그리면서 분명한 어떤 것이 있다고 여기고 있을까요? 어디에서 무언의 궁극, 완전한 상태가 그려지고 있나요?

지금 이렇게 궁극의 깨달음을 그리고 있습니다. 성인의 경지가 따로 있다는 것도 한 생각에 지나지 않습니다. 배고픔이 드러나는 일과 완전한 깨달음이 드러나는 것에 무슨 차별이 있겠습니까? 나뭇잎이 지금 눈앞에서 흔들리는 것과 흔들림 없는 완전한 깨달음의 상태에 무슨 차별이 있겠습니까?

이 모든 것이 그저 한 생각에 지나지 않음을 철두철미하게 돌아볼 뿐입니다.

지금 이렇게 즉각즉각 경험하는 이 세계 외에 뭔가가 따로 있을 것 같다면, 바로 이 따로 있는 듯한 마음이 번뇌의 씨앗입니다. 드러나는 온갖 것이 그저 텅 빈 생각이어서 평등하고 평등합니다. 도(道)라는 게 따로 있는 게 아니라 이미 충분히 만끽하고 있습니다. 진실이라는 게 이 모든 현상계 심연에 따로 존재하는 게 아니라 바로 지금 있는 그대로입니다. 이 모든 것이 허망하지만 진실하고, 진실하지만 진실이 따로 있는 게 아닙니다. 생각에 속았을 뿐 지금 경험하는 현상계 그대로 진실할 뿐입니다.

"속았다!"
"속았쩌!"

이미 광명천지인데 다시 광명을 찾을 것이라고 생각의 어둠 속에서 고생이 많습니다.

생각에 속는다고 고생 많이 했습니다.
온갖 생각의 속삭임을 뚫어낸다고 수고했습니다.

3장

지금 이 순간,
무슨 문제 있나?

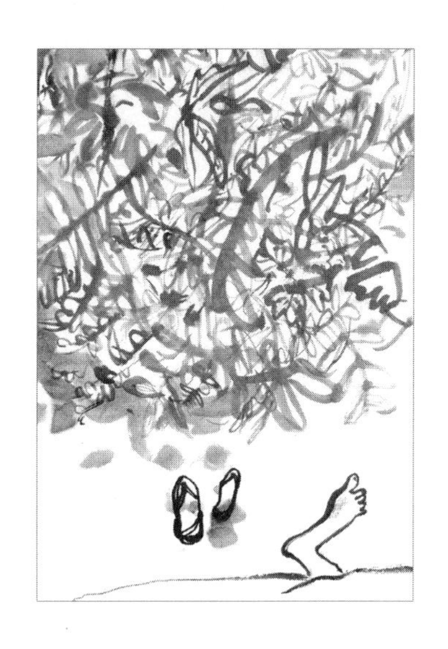

1. 너무나 당연한 것

어느 노보살님께서 찾아오셨습니다. 익히 알고 있던 분이었지만, 그동안 자세한 얘기를 나눌 기회는 없었습니다. 보살님의 얼굴에 많은 주름이 생겨 있었습니다. 보살님의 얼굴에 수심이 가득합니다. 얘기를 들어 보니 저와 알기 전부터 20년 정도 모 선원에서 마음공부를 해 오셨습니다. 그리고 선원을 옮겨 7, 8년을 더 공부했으나 여전히 그 자리입니다.

모든 것을 주인공(主人空)이 주관하고 있어서 어떤 일이 일어나면 "주인공!" 하며 그곳으로 돌렸다고 합니다. 이 주인공이 무엇인지는 모르지만, 하여튼 우리 가슴 안에 주인공이 있어서 모든 것을 드러내고, 송장 같은 나를 움직이고, 모든 일을 다 하는 전지전능한 존재라고 여기고 있었답니다. 그런데 선원을 옮기고 '주인공'이 따로 없어야 한다는 가르침에 그 주인공을 없앨 것이라고 7, 8년 동안 애를 썼습니다. 지금은 많이는 찾지 않지만, 그래도 차를 몰고 가다 위기의 상황이 오면 자신도 모르게 "주인공!" 소리가 나온답니다.

대화가 시작되었습니다.

"보살님이 막연하게 알고 있는 주인공은 어떤 모습입니까? 명확하지는 않지만 이미지가 있을 것 아닙니까?"

"항상 가슴속에 있고, 모든 것을 주관하지요. 지금은 많이 떨어져 나갔습니다. 그런데도 주인공이라는 말만 들으면 생동감을 느껴요. 가장 나를 움직이는 말입니다. 이 육체는 송장 같고 그것이 끌고 다니는 듯합니다. 무엇인지는 모르겠어요."

"어쨌든 우리가 깨달음을 얻으려고 이리 애를 쓰고 있습니다. 변함없는 진리라는 게 있다고 여기기에 30여 년을 노력했습니다. 그럼, 주인공은 일단 배제하고, 진리라는 것에 대해 생각해 보죠. 진리의 특징이라고 할 만한 것들이 무엇일까요? 일단 항상한다는 특징이 있겠죠? 시간, 장소에 구애받지 않고 항상해야 진리이지, 시간, 장소에 따라 달리 존재한다면 진리가 아니잖아요."

"그래요. 그리고 누구에게나 갖추어져 있겠지요."

"그렇지요. 아이나 어른이나, 부자나 가난한 이나 차별이 없어야겠지요. 뿐만 아니라 사람이나 사물이나 상관없어야겠지요. 그래야 평등한 진리가 되니까요."

"예, 그럴 것 같습니다."

"그리고 또 중요한 조건이 있습니다. 진리는 모양이 없어야 할 것입니다. 만약 모양이 있다면 두루할 수 없잖아요. 모양이 있으면 다른 모양과 충돌하고 서로 간섭하게 되어 고루하지 않게 되니까요."

"그러네요."

"그리고 아까 보살님께서 말씀하신 주인공은 전지전능하다고 했는데, 이것도 중요한 점인 것 같습니다. 우리 주변에서는 어떤 일들이 계속 벌어지고 있는데 누가 이런 일을 만들어 내는지 알 수 없잖아요. 전지전능한 존재에 대해 생각해 보지 않을 수 없는 것 같아요. 이 모든 것을 가능하게 하는 무언가를 부정할 수는 없다 말입니다. 자, 그럼 정리해 볼까요? 모든 곳에, 언제나, 누구에게나 갖추어져 있으면서 모양이 없습니다. 그리고 모든 것을 가능하게 합니다. 그렇다면, 지금 이 순간 보살님과 저와의 만남에도 분명 진리가 있겠군요."

"그렇지요. 그래야겠지요."

"그럼, 잘 봅시다. 제가 손을 들든, 말을 하든, 주인공이라 하든, 주인공이 없다고 하든 모두 진리를 떠난 말이 아닙니다. 무슨 말을 하든 무슨 생각을 하든 무슨 행위를 하든 진리를 떠나 있지 않습니다. 물론 모양은 아니지만요."

“예, 그렇죠.”

“지금 이 순간 진리가 있는데 모양은 아니에요. 그런데 우리 눈에는 모양만 보입니다. 책상이 보이고 에어컨 돌아가는 소리가 들리고, 보살님이 보이고, 제가 있고요. 이렇듯 쉼 없이 변화들이 일어나고 있습니다. 모양들이 일어나고 있는데 모양은 아니면서 빈틈없이 항상한 것. 일단 생각을 일으키는 것들은 없애 보겠습니다. 생각은 자꾸 모양을 일으키고 따라가게 하거든요. 우리의 눈을 어둡게 만들어요. 특히 말은 생각을 발동시켜서 지금 이 순간 여기 모양 없는 것을 확인하는 데 방해가 될 소지가 많습니다. 말 없는 것으로 시도해 보죠.”

똑똑똑. (책상을 두드리며)
“모양 없는 것이 확인됩니까?” ?

“……”

찰싹. (팔을 때리며)
“확인됩니까?”

찰싹 찰싹 찰싹.
“……”

"모양은 금방 나타났다가 사라지지만, 뭔가 생동하는 게 느껴지지 않습니까? 살아 있음 같은…… 살아 있다고 하면 벌써 개념이지만, 살, 아, 있, 음…… 이것은 살았다 죽었다 하기 전에 역력하지 않습니까? 그냥 저절로 알게 되고 저절로 작동하고 있는……"

똑똑똑.

"……"

"무엇이라고 말로 할 수 없지만, 저절로 확인되는 이것. 우리의 생각이 개입되기도 전에 스스로 작동하는 이것."

"……"

"진리는 잡을 수 있는 게 아닙니다. 찾을 수 있는 게 아닙니다. 알 수 있는 게 아닙니다. 잡으려고 하지 마세요. 그냥 확인하세요. 집에 도둑이 들었다고 칩시다. 그런데 도둑은 항상 현장에는 없습니다. 그런데도 도둑이 들었다는 것은 알지요. 어떻게 알 수 있습니까?"

"흔적을 보면 알 수 있습니다."

"그렇지요. 지금 드러나는 모양은 그 자취입니다. 진리의 존재를 알리는 증거이지요. 주인공은 우리의 눈과 귀와 코와 혀와 맛이라는 감각으로 알 수 있는 게 아니라, 그냥 이렇듯 드러나는 모양을 통해 그것을 확인하는 것이지요."

똑 똑 똑.

찰싹 찰싹 찰싹.

"바로 즉각즉각 확인되는 이것! 말로 할 수 없는 이것!"

(잠시 멍하니 앉아 있습니다.)

"…… 이거란 말입니까? 이거예요? 이건 너무 당연한 거잖아요. 이거 없는 사람이 어디 있단 말입니까?"

"당연한 것이지요. 이거 없는 사람이 없지요. 당연하지 않다면 진리라고 할 수 있겠습니까?"

"이게 주인공이라고요? 제가 삼십년 동안 찾은 게 이거란 말입니까? 믿을 수가 없어요. 이 당연한 것을 모르는 사람이 없는데…… 이것은 누구나 있는데, 설마 이것을 체험한다는 말인가요? 그래도 체험한 사람은 뭔가 특별한 것을 체험하는 게 아닌가요?"

"특별한 것은 항상하지 않아요. 특별한 것은 특별함 때문에 두루할 수 없어요. 그렇게 특별한 것을 찾으니까 지금까지 왔지요. 바로 코앞을 못 보고, 우리가 늘 쓰는 것을 못 보고, 밖을 향해 찾으니까 그

많은 시간을 허비했지요. 그렇게 앞으로 삼십 년, 삼백 년을 찾아보세요. 항상 제자리일 거예요. 이 자리요."

"흑흑흑…… 겨우 이거라니요. 저는 그렇다 치고, 뭔가 대단한 공부를 한다고 나를 삼십 년 동안이나 내보내 준 우리 집 처사님은 어떻게 됩니까? 너무 불쌍해요. 뭔가 다른 게 있지 않을까요? 예?"

"계속 찾아보세요. 이것을 통하지 않고는 나오는 게 아무것도 없어요. 보살님이 더 찾겠다는 것도 바로 지금 여기에서 나오는 것이잖아요. '부처가 무엇입니까?' 이 물음도 바로 여기잖아요. '똥 닦는 막대기입니다.' 바로 이거잖아요. 물음에 대한 답이 주어지는 게 아니라, 바로 물음이 나오자마자 답이 드러난 겁니다. 바로 이 일."

"흑흑흑. 설마. 뭔가 있지 않을까요? 뭔가 있을 거예요……"

그렇게 보살님은 황망히 떠나셨습니다. 다시 특별한 것을 찾아 떠날지, 아니면 이 하찮고 평범하고 당연한 자리에 머무를지는 모를 일입니다.

참으로 안타까운 일입니다. 특별한 것, 나만 얻을 수 있는 것, 그럴듯한 것에 우리는 너무도 많이 속고 삽니다. 이 말들도 마지못해 저지른 구업(口業)입니다. 사실 체험이 어디 있나요? 누가 체험을 하나요? "누가" 하는 게 이것이고, "체험" 하는 게 이것일 뿐인데요. 진정한 체험은 바로 이것에 통하는 것입니다.

2. 마음공부란?

사람마다 마음공부의 길에 접어드는 이유는 여러 가지가 있을 것입니다. 살다 보니 자신도 모르게 이 공부길에 접어든 분들도 있고, 변함없는 진실에 대한 궁금증, 혹은 역사 속 성인들이 깨달은 바가 무엇인지 궁금하여 시작한 분들도 있고, 생사의 두려움에서 벗어나고 싶어 시작한 분들도 있을 것입니다. 많은 분들은 지금의 삶이 불만족스럽기 때문에 만족스러운 삶을 위해 공부길에 들어섰을 것입니다.

요즘은 영성의 시대라는 말이 나돌 정도로 마음공부의 기회가 많아졌고, 여기에 참여하는 도반들의 수도 늘어나고 있음을 실감합니다. 나쁘지 않은 현상입니다. 많은 분들이 깨어나는 일처럼 가치 있는 일은 없을 것입니다. 그러나 유행이란 대중성과 함께 맹목성을 내포하고 있는 것이기에 우려스러운 부분도 있습니다. 한때의 유행처럼 왔다가 가는 것은 아닌지. 만약 이러한 것이라면 마음공부의 본질과는 아무 상관이 없을 것입니다.

스스로 이 공부를 하는 이유에 대해 살펴보았습니까?

공부가 무엇인지에 대한 이해가 있었습니까?

물론 이런 말을 하면 "굳이 이유를 알 필요가 있습니까? 병만 치료하면 되지 병을 치료하게 된 이유를 따질 필요는 없잖아요." 하실 분들도 있을 것입니다. 그러나 이런 질문을 던지는 이유는 병을 잘 치료하기 위해서입니다. 병이 무엇인지 모르고 아무 약이나 쓰면 병은 악화되기 때문입니다.

마음공부란 우리가 마주한 실상을 제대로 보는 것이라고 거칠게 말할 수 있습니다. 선(禪)에서 말하는 '마음'이란 우리 스스로의 본성이자 이 세계의 실상입니다. 이것을 확실히 깨닫는 일입니다.

그러나 이러한 가르침이 저 바깥의 이야기가 아니라 스스로의 살림살이가 되기 위해서는 자기를 극복해야 하는 어려운 과제가 남아 있습니다. 워낙 많은 가르침들이 있는 까닭에 마음공부에 대한 원론적인 이야기는 군더더기로 느껴집니다. 사실 경전 한 구절, 조사의 한마디, 눈 밝은 분의 곧장 가리킴이 곧바로 소화될 수 있다면, 다른 여타의 말들은 허접한 것입니다.

그러나 팔만대장경이 있고, 누대에 걸쳐 성인들이 출현하여 바른 가르침을 폈어도 이 가르침에 전적으로 공감할 분들이 과연 몇이나 되는지는 의문입니다. 가르침이 문제가 아니라 가르침을 받는 이의 내면 상태가 크게 달라지지 않았다는 얘기입니다.

바른 깨달음으로 가는 길에 가장 큰 장애는 바로 자기 자신입니다. 실제 마음공부란 자기 감옥에서 벗어나는 일이기 때문입니다. 스스로가 갇혀 있는 생각을 명료하게 꿰뚫어 볼 수 있다면, 바깥의 가르침들이 사실 필요가 없습니다. 이 공부는 쉽게 얘기하자면, 자신의 속임수를 꿰뚫어 보는 일입니다.

무엇이 내가 나를 속이는 일일까요?

우리는 그동안 아무런 고찰 없이, 옳다고 여기는 것을 받아들였습니다. 태어나자마자 이름이 지어졌고, 사회가 요구한 태도를 배웠습니다. 지식이 주입되었으며, 옳고 그른 기준들이 무차별적으로 입력되었습니다. 가정과 학교, 사회가 끊임없이 새로운 관념을 주입합니다. 물론 그 주입을 주도하는 부모나 형제, 가족 구성원, 더 큰 집단의 구성원들도 그렇게 살아왔습니다. 이 모든 것들이 진실인지 거짓인지, 실재인지 그렇지 않은지에 대한 돌이킴 없이 그냥 무차별적으로 주입되었습니다.

그래서 기술은 진보하여 우주선까지 띄우지만, 사람의 내면은 구석기 시대 이래 똑같은 분별의 패턴대로 살아가고 있습니다. 무차별적으로 주입된 생각의 패러다임은 세대가 달라도 똑같다는 것입니다.

옳고 그름에 갈등하고, 만족과 불만족 사이에서 방황합니다. 마음공부란 늘 분리를 답습하게 만드는 허망한 생각의 패턴을 직시하는 것입니다. 왜 매번 똑같은 실수를 반복해 왔는지 근본부터 보아야 합니다. 사건에 대응하는 매뉴얼을 재정비하는 차원이 아니라, 사건을 바라보는 눈부터 바꿔야 한다는 것입니다.

마음공부를 어떤 목적을 위해서 하고 있다면 다시 보아야 합니다. 그것은 분리를 전제로 하고 있기 때문이며, 습관적인 마음의 패턴에 속고 있는 것이기 때문입니다. 편안해지기 위해서, 생사를 해결하기 위해서가 아닙니다. 이런 식의 접근이라면 진실이 도래해 있음을 볼 수 없습니다. 만약 진실이라면 지금 불만족스러울 때도 진실이어야 합니다.

만약 지금 당장 어떠한 의도나 조작이 없이도 항상한 것이 아니라면, 조금이라도 틈이 있는 것이어서 거짓입니다. 지금 당장의 일이 아니라면 생각의 패러다임 속에 들어간 것입니다. 이것은 시간이 들고, 따로 위치가 있으며, 특정한 목표이고, 이름이 있습니다. '진실'이라는 이름의 어떤 것, 지금의 상황을 벗어나게 해 주는 어떤 방법이나 변화된 상태, 생사를 모면하게 해 주는 묘법 등등. 이것은 모두 생각이 만들어 낸 매혹적인 꿈일 뿐입니다. 어떠한 이유가 생겨나기 도 전에 진실해야 합니다. 이미 진실한 것만이 진실하기 때문입니다. 이 미묘한 간격을 간파할 수 있습니까?

깨달음은 성취하는 것이 아니라, 이미 깨달아 있음을 직시하는 것 입니다. 마음공부란 이미 아무런 문제가 없어서 마음공부랄 게 따로 없음을 깨닫는 공부입니다.

3. 자기를 밝히는 일

마음공부는 자기를 말끔히 밝히는 일이라고도 표현하고 싶습니다. 이 자기는 우리가 알고 있는 개체적인 자기가 아닙니다. 시작은 개체적인 자기로 출발하지만, 본래 개체적인 자기가 따로 존재했던 게 아니라 전체가 자기임이 밝혀지기에, 자기를 밝히는 것이 전체적인 문제의 해소로 자연스럽게 연결됩니다.

우리는 마음공부에 있어서도 진실하지 못할 때가 많습니다. 마음공부에서 진실하다는 것은 자기의 당면 문제를 인정하고 솔직하게 직시하며, 그것을 해결하기 위해 몰두하는 것입니다. 그런데 마음공부에서조차 남을 의식하고 자기와 상관없는 일에 사로잡힙니다.

불법이 어떻게 전승되었는지를 이해한다면 내가 지금 이렇게 번뇌하는 문제들이 해결될까요? 어떤 사람이 어떻게 깨달음을 얻었는지, 혹은 그가 제대로 깨달았는지를 안다면 내 문제가 해소될까요? 물론 아예 상관이 없다고도 말할 수 없습니다. 타산지석이라고 그들의 공부를 통해 힌트를 얻을 수도 있기 때문입니다.

그러나 이런 식으로 자기의 본질에서 비껴 난 관심은 결코 공부에 도움이 되지 않습니다. 자기가 밝혀지면 자연스럽게 모든 문제가 극복됩니다. 마음공부란 개체적인 자기라는 관념에서 해탈하여 모든 것이 자신임을 깨닫는 일이기 때문입니다. 그러니 좀 더 진지하고 진솔하게 자기를 만날 필요가 있습니다.

삶에서 느껴지는 부조리함과 불합리성, 거짓인 듯한 느낌들의 끝을 추적해 들어갈 필요가 있습니다. 어느 정도 탐구를 하다 보면 모든 문제가 자기에게로 귀결됨을 느끼게 됩니다. 모든 것이 나의 눈을 통해 드러나고 결정됨을 볼 수 있을 것입니다. 나의 생각이 개입되지 않고 드러나는 것은 아무것도 없습니다.

한 생각에 우주가 드러나고, 한 생각에 행 · 불행이 갈립니다. 어느 정도 세상을 살아 본 사람들은 모든 것이 마음먹기에 달렸다는 세속적인 표현에 공감할 것입니다. 그런데 여기에서 멈춰서는 안 됩니다. 이 마음이란 무엇이냐? 그게 진정한 나라 한다면, 나의 정체가 무엇인가?

이 의문에 몰두할 필요가 있습니다. 어떠한 것에도 물들지 않고 의지함이 없는 자신은 누구인가? 참된 자신이기에 언제, 어느 상황, 어떤 생각, 어떤 감정 상태에서도 변함없는 자신이어야 합니다.

망상이란 생각입니다. 망상은 본래 뿌리가 없다고 합니다. 뿌리가 없다는 것은 실재하지 않는다는 뜻입니다. 생각은 그저 생각일 뿐입니다. 상황, 장소, 시간, 인연 따라 변합니다. 그런데 묘한 것은 이 허망한 생각이 쉼 없이 드러나고 있다는 것입니다.

사실 이것 또한 생각의 범주를 벗어나지 않습니다. 무언가 말할 수 있고 감지되고 이해하고 아는 것이라면, 생각입니다. 얻은 무엇이 있다고 여기더라도 생각의 산물이기에 진실은 아닙니다. 그래서 얻은 것이 있을 때는 안다고 말하지 말라 한 것입니다.

그럼 여기에서 어떻게 살아나야 할까요? 어느 것이라도 드러났다 하면 생각인데, 이 생각을 벗어난 것은 아무것도 없는데, 우리가 아는 모든 것이 실체 없는 생각이라면……?

오도 가도 못하는 순간에도 바람은 불고 새는 웁니다. 생각은 갈 곳을 몰라 꽉 막히지만 예전과 다름없이 모든 것이 살아서 움직이고 있습니다.

똑똑똑! (탁자를 두드리며)

잘 들립니까?

생각이 있을 때나 없을 때나 이것이 드러나는 데 장애가 있습니까?

손가락을 흔들어 보십시오.

잘 보입니까?
이것이 드러나는 데 나의 허락을 받아야 가능한가요?

문득 그 어떤 드러나는 것에도 사로잡히지 않는다면,

똑똑똑!
까딱 까딱 까딱!

바로 이것입니다. 이것이 참된 자기입니다.

4. 천왕봉 일출

오래전 지리산의 일출을 보려고 여행을 떠난 적이 있습니다. 노고단에서 출발하여 장터목 산장에서 하룻밤 자고 새벽에 천왕봉으로 향했습니다. 산행에 익숙하지 않은 터라 고단하기 그지없는 산행이었습니다. 그러나 마음만은 가벼웠습니다. 영험하게 느껴지는 지리산 정상에서 일출을 본다는 것은 영광스러운 일이었습니다. 잠도 자는 둥 마는 둥 일어나 빈속을 간단한 먹을거리로 달래며 산 정상을 향했습니다.

산 정상에 도착했을 때 마침 일출의 기미가 보이고 금방 해가 뜨기 시작했습니다. 그러나 날씨가 많이 흐려서인지 해가 시원하게 드러나지는 않았습니다. 지평선 위로 막 올라오기 시작한 해는 구름에 일부가 가리고 주변의 희부연 안개에 가려 선명하지 않았습니다. 기뻐해야 할지 실망해야 할지……. 해는 금세 지평선 위로 올라와 버렸고 그러면서 구름 깔린 산과 들로 퍼져 나갔던 주홍빛 잔광이 사라졌습니다. 그냥 평범한 해가 되어 버렸습니다. 1박 2일의 기대는 여전히 가슴 가득히 남아 있는데 허무했습니다. 자연은 나의 의도는 아랑곳하지 않았습니다. 그저 그 나름의 흐름에 따라 변하고 있었습니다.

우리의 생각과 기대는 참으로 근거 없는 것입니다. 어떤 대상에 대해 이러했으면 좋겠다, 이럴 것이라는 것은 허무맹랑한 환상이었습니다. 지금 눈앞에 보이는 탁자도 우리는 늘 이 자리에 이렇게 변함없이 있을 것이라고 무의식적으로 인정해 버립니다. 그러나 탁자는 우리 눈에 띄지 않게 모양과 빛깔을 바꾸고 있습니다. 우리가 눈치채지 못하고 있을 뿐입니다. 우리 눈에는 항상 눈앞에 버티고 있는 것처럼 보이니 늘 그대로인 것처럼 고정시켜 버립니다.

모든 것이 우리의 기대와 달리 쉼 없이 변하고 있습니다. 항상 머리 위에서 사라지지 않을 것 같은 하늘도 우리가 인식하지 못해서 그렇지 항상 변하고 있습니다. 우리가 발 딛고 선 땅도 똑같습니다. 눈앞의 컵도 그렇고 주위에 널려 있는 책들도 그렇습니다. 지금 읽고 있는 글자도 고정되어 있는 것이 아니고 생각도 쉼 없이 변하고 있습니다.

드러나는 모든 것은 항상 변하고 있습니다. 변하는 것은 실체가 없는 것입니다. 그런데 우리는 마음이 변했다고 상처받고, 간직하고 싶은 어떤 것이 변했다고 상심합니다. 이 모든 것을 보고 있는 우리조차 해돋이의 변화와 다름없이 변하고 있습니다. 다만 그것을 모르고,

제가 1박 2일 동안 한 가지 기대에 갇혀서 보냈던 것처럼 그렇게 살아가고 있습니다. 그때 저는 1박 2일 동안 주변의 아름다움, 시시각각 변화하는 자연의 소리를 듣지 못했습니다. 동행했던 사람들의 표정들, 지나치는 곳곳마다 보였던 풍광들을 제대로 보지 못했습니다. 오로지 내가 목표한 일출의 멋들어진 그림만 품고 있었습니다.

이 모든 것이 쉼 없이 춤을 추고 있습니다. 어느 하나 멈춰 있는 것이 없습니다. 어떠한 것에도 사로잡히지 않고 바라보면, 신비로움 자체입니다. 이 모든 것이 지금 이 마음 하나로 춤을 추고 있는 것입니다. 아무런 의도도 없고 아무런 사심도 없습니다. 그냥 인연 따라 무심하게 일어나고 있을 뿐입니다.

드러나는 모든 것은 실체가 없는 것이지만, 이 모든 것이 하나의 마음이어서 다르지 않습니다. 이 하나의 바탕을 깨닫고 보면, 모든 드러나는 것이 이것을 떠난 것이 아니고, 이것과 분리된 둘이 아니라는 사실을 깨닫게 됩니다. 우리가 모양 따라 따로 있다고 여기는 착각이 허망한 집착과 고통을 불러옵니다. 모든 변화하는 것이 그저 하나의 일입니다. 이 하나는 모양이 아니지만 모든 모양을 머금고 있습니다.

바로 지금 여러분이 이 글을 읽고 있는 순간에도 이것은 항상합니다. 이것이 아니면 시시각각 달라지는 글을 읽고 이해할 수도 없습니다.

모든 모양이 드러날 때 모양을 따라가지 말고 모든 의도를 멈추어 보십시오.

손가락이 키보드 위를 움직이지만 손가락이 움직이는 것이 아닙니다.

형언할 수 없는 생생한 것이 감지됩니다. 온갖 것이 바로 이것으로 인해 모양을 갖추고 생각으로 드러나고 있습니다. 바로 이것이 존재의 본바탕입니다. 실재는 이 하나의 성품뿐입니다.

5. 문제는 분별심

결국에는 '법'이라는 게 따로 없는데, 왜 법이 있다 하고, 마음이 있다 할까요? 무엇을 알려 주기 위한 것도 아니고, 깨달을 만한 물건이 따로 있어서 그러는 것도 아닙니다. 뭔가 문제가 있기에 이것을 풀어 주기 위한 방편의 말입니다.

마음이 있다면 일관되게 마음이 있다고 해야 하는데 나중에는 마음이 없다고 하고, 심지어 부처도 없다고 합니다. 선사들은 왜 이렇게 변덕을 부릴까요? 사실 선사들만 그런 것이 아니었습니다. 석가모니 또한 입멸하면서 평생 한마디도 하지 않았다고 입을 싹 씻어 버렸습니다.

문제는 분별심입니다. 우리가 언제부터인가 분별심으로 세상을 보아 왔는데 이게 실상을 있는 그대로 보지 못하도록 가렸습니다. 그래서 바르게 보게 하려고 이리도 말하고 저리도 말하는 것입니다. 말은 분별된 것입니다. 이 분별된 말이 분별심을 치료하기 위해 약으로 쓰이는 것입니다.

분별심은 드러나는 것들이 따로따로 있다고 여겨서 거기에 집착하는 심리입니다. 언어 또한 분별된 것이기에 자칫 방편의 언어에 머무를 수 있다는 단점이 있지만, 말이 아니면 사로잡혀 있는 분별을 떨쳐 버리게 하기가 어렵습니다. 그러니 마음이 있다, 법이 있다, 혹은 마음이 없다, 법이 없다는 것은 분별에 묶여 있을 때마다 방편의 말로 이리도 흔들고 저리도 흔드는 역할을 하는 것입니다.

언어에 머무르려 할 때마다 언어의 길을 끊어 버리면 분별심이 어쩔 줄 몰라 합니다. 분별심에 오염되어 있을 때 분별을 끊어 버리면, 안절부절못하고 막막하고 길이 없어 보입니다. 어떨 때는 수렁에 빠진 것 같고, 어떨 때는 숨이 막힐 것 같고, 어떨 때는 상황 따라 말이 다른 선지식을 믿다가는 미치거나 세뇌될 것 같은 생각도 듭니다.

사실 이것은 스스로의 본성이 힘든 게 아니라 분별심이 견디지 못해 하는 것입니다. 주인 노릇 했던 분별심의 정체가 탄로 날까 봐 전전긍긍하는 것입니다. 그래서 한 번 죽어야 새 생명을 얻는다 합니다. 우리가 사로잡혀 있던 이 분별심의 허상이 드러나야 본래 아무 문제가 없었음을 깨닫게 됩니다.

공부길에 들어섰는데 막막하다면 좋은 징조입니다. 이제 분별심이 위기를 맞이하고 있는 것입니다. 분별심의 죽음이 다가오고 있는 것입니다. 포기하고 싶은 심정이라면 좋은 징후이며 이는 이제 막 뒷심이 필요하다는 신호입니다. 끝까지 밀고 나가야 합니다. 크게 죽어야 크게 살아난다는 옛 어른들의 말씀을 진심으로 실감할 때가 반드시 올 것입니다.

6. 살아 있는 화두

화두로 공부하는 간화선에서는 주로 1,700 공안 중 하나를 화두로 삼는 경우가 많습니다. 많은 화두 중 하나를 스승이 학인에게 제시해 준다거나 학인이 임의로 하나를 선택하여 화두로 삼습니다.

그러나 화두의 참 의미를 안다면 굳이 우리의 피부에 와 닿지 않는 고어체의 화두만 고집할 필요가 없습니다. 내가 누구인지 모르는 사람이 자신이 알고 싶을 때는 '나는 누구인가?' 가 화두가 될 수 있습니다. 또 삶이 무엇인지 궁금한 사람은 '삶' 혹은 '인생' 이 화두가 될 수 있습니다.

참된 화두란 참된 의문이라고 생각합니다. 자신이 진실로 궁금하지 않은 화두를 공부라는 이름으로 들게 되면 여기에 전심전력할 수 있는 동력을 얻지 못합니다. 피부에 와 닿는 의문이 가장 좋은 의문입니다. 그게 '바로 이것' 일 수도 있고 '모든 게 마음이라는 데 이게 뭘까?' 일 수도 있습니다. 또는 어록이나 경전을 보다가 걸린 문구가 생각의 통로를 꽉 틀어막는 근원적 의문이 될 수도 있는 것입니다.

저는 "모든 것이 진실을 벗어난 것이 아니다."라는 말씀을 듣고, 집안일을 하면서 행동 하나하나에 의문을 가졌던 것 같습니다. 한창 궁금증이 밀려올 때는 설거지할 때 손을 움직이면서 '이게 뭘까?' 의문이 떠올랐고, 걸레를 빨 때 비누를 문지르면서 '이게 뭘까?' 의문이 올라왔습니다. 산책을 하면서 걸음을 뗄 때마다 이게 무엇인지 궁금했고, 놀이터에서 그네를 타는 아이의 움직임을 보며 '이게 뭐지?' 했습니다. 일거수일투족이 궁금했습니다. 진실 아닌 게 없다는 말에 믿음이 갔고, 그 믿음이 일상생활 일거수일투족에 의문으로 화했습니다.

이게 바로 화두입니다. 화두란 굳이 자리에 앉아 특정한 말에 집중한다거나, 일어나지도 않는 의문을 인위적으로 만드는 게 아닙니다. 화두는 밖에서 만들어 들어가는 게 아닙니다. 특정한 형식이나 행위나 내적 조작을 가하는 것이 아닙니다. 일상생활을 하면서도 충분히 공부해 들어갈 수 있습니다.

화두란 진솔한 의문입니다. 진솔한 의문만이 가슴속에서 강력해질 수 있으며 저절로 잡생각들을 사라지게 만듭니다. 오직 해결되지 못한 강력한 의문만이 모든 망상을 제거하며 영혼을 압도합니다. 그러다가 스스로 깨닫게 되는 것입니다. 이 의문의 정체를 말입니다.

의문에 해당하는 답이 주어지는 것이 아닙니다. 기존의 분별적인 의문과 마음공부에서 갖게 되는 의문은 아주 다른 양상으로 해소가 됩니다. 기존 분별적 의문의 해소는 의문에 걸맞은 답이 주어지는 방식, 즉 문제와 답이 다른 것입니다. 그러나 마음공부에서의 의문은 의문이 바로 답이었음을, 즉 의문과 얻고자 하는 답이 둘이 아니었음을 깨닫는 방식으로 해소됩니다.

의문에 따른 답이 따로 있을 때는 이 의문이 연결고리가 되어 또 다른 의문이 끝없이 일어나고, 그 의문에 해당하는 답도 끝없이 찾아내야 하는 운명입니다. 그렇지만 의문이 바로 답인 경우에는 모든 의문이 사라져 버립니다. 전자는 끝없는 헤아림을 낳지만, 후자는 헤아림의 종식입니다. 모든 것의 근본이 드러났으니 설명할 수 없는 변화가 찾아옵니다.

화두란 풀어내는 것이 아니라 타파하는 것이라 했습니다. 스스로가 갖고 있던 의문의 정체가 드러나는 것입니다. 의문이 스스로가 스스로를 가둔 생각이었음이 밝혀지는 것입니다.

화두에 꽉 막힌 것을, 쥐가 소뿔 속으로 들어가서 쥐의 머리가 좁은 소뿔의 통로에 꽉 끼어 오도 가도 못한 상태에 비유합니다. 이 상태에서 화두가 타파되는데, 화두의 타파는 쥐가 소뿔을 뚫어내는 게 아닙니다. 본래 소뿔도 없고 쥐도 망상이어서 따로 없는 하나라는 깨달음을 통해 막힌 적이 없음을 볼 뿐입니다. 화두를 든 주체도 따로 없고, 화두라는 장벽도 따로 없었습니다. 모두가 마음의 투영인 허망한 생각에 사로잡혀 있었던 것입니다.

진실로 마음공부에 뜻이 있다면 마음이 가는 주제 하나에 몰입해 보십시오. 그 주제의 뜻이나 색깔이나 모양이 아니라, 그것의 근본에 대한 몰입 말입니다. 이 한 개의 통로가 분열과 번뇌와 구속에서 벗어나게 할 것입니다.

7. 모름, 의문

"이 마음이 곧 도(道)이다."라는 말을 듣고도, 깨닫지 못하는 이유는 곧바로 이 마음뿐임을 보지 못하고 '이 마음이 도'라는 것에 해당하는 어떤 도리를 찾으려 하기 때문입니다.

마음뿐만이 아닙니다. 도를 깨달아야 한다고 말하면, 도를 깨달아야 하는 어떤 이미지와 그림을 그립니다. 이것이 바로 분리에 떨어지는 일입니다. 태어난 이래 익혀 온 분별심이 도를 깨닫는 데도 작동되고 있기 때문입니다.

우리는 어떤 말과 그 말에 해당하는 뜻을 늘 함께 떠올립니다. 그래야 의사소통이 됩니다. 생각과 언어란 분별성을 기반으로 합니다. 분리, 분별이 없는 언어와 생각, 이미지는 생활에 별 쓸모가 없습니다.

만약 "사과를 주세요."라는 말을 들으면, 사과라는 말에 해당하는 대상을 뇌리 속에 떠올립니다. 그리고는 그 대상을 찾아 원하는 사람에게 건네줍니다. 이것이 성립되지 않는다면 이 소통은 이루어질 수 없습니다. 사람들 사이에서 관계를 맺으면서 생활을 영위하려면 이러한 의사소통 기술이 필요입니다. 그런데 도는 이렇게 깨닫는 것이 아닙니다. 간절한 염원을 가지고 있으면서도 도를 깨닫지 못하는 이유는 이런 식으로 접근하기 때문입니다.

도를 깨달아야 한다는 말이 도에서는 성립이 되지 않습니다. 도는 사과처럼 사물도 아니고, 어떤 개념구조도 아니며, 그림도 아닙니다. 도에 해당되는 어떤 상황이나 경지가 따로 있는 것도 아닙니다. 진실로 도를 깨닫고 싶다면, 도에 관한 모든 언어에서 언어가 지칭하는 모든 대상, 사물, 이미지, 뜻을 두지 말아야 합니다.

그런데 이런 말을 듣더라도 쉽게 실현되기는 어렵습니다. 워낙에 분별하는 습관이 몸에 배어 있기 때문입니다. 이것이 바로 불교에서 말하는 업장(業障)입니다. 분별의 습관이 장애가 되어 도를 깨닫지 못하는 것입니다.

지금 당장 서 있는 자리에 통하지 못한 사람이라면, 적어도 말을 따라가거나 생각에 사로잡히지 말아야 합니다. 특별히 어떤 수행을 할 필요는 없습니다. 가장 좋은 것은 '도를 모르겠다'는 마음 상태입니다. 알 것 같은 때는 이미 무언가를 아는, 대상화에 떨어진 것이지만, '모르겠다'는 무언가를 알고 싶은데 알지 못하는 상태, 대상화하고 싶지만 그러지 못하는 상태입니다. 모름은 바로 대상화의 실패이며 의문입니다. '도를 알고 싶은데 모르겠다. 도가 뭘까?' 앞뒤가 꽉 막힌 것 같은 상태, 가고 싶어도 길이 보이지 않고 돌아오고 싶어도 어느 자리로 돌아와야 할지 모르는 상태가 아주 좋은 상태입니다.

그런데 이러한 상태에서 문득 도라는 어떤 대상을 보면서 의문이 해소되는 것이 아닙니다. 꽉 막힌 상태란 아직도 대상화의 습성이 발동되고 있고, 분별의 습관이 강력하게 지배하고 있고, 앎의 대상을 찾지 못해 분별심이 이러지도 저러지도 못하는 상태입니다.

이때 어떻게 무엇이 해소되느냐? 바로 모름의 정체를 돌아보게 된다는 것입니다. 마음이 모름이라는 끊임없는 대상화의 실패를 겪다가 자기도 모르게 대상화하려는 습성이 멈추게 되고, 그 순간 모르겠다는 이 마음을 보게 된다는 것입니다. 이 모르는 마음이 바로 아는 마음이며, 이 모르는 마음이 바로 나라는 생각의 바탕이며, 이 모르는 마음이 바로 온 세상을 드러내고 있음을 깨닫게 되는 것입니다.

그러니 모름의 상태에서 벗어난다는 것은 앎의 상태로 옮겨가는 것이 아니라, 모름 이것의 근본을 돌이켜 보게 되는 것입니다. 이것은 분별의 성공이 아니라 온갖 분별의 근간을 꿰뚫어 보게 되는 아주 다른 차원의 해소입니다.

스스로 분별의 틀에 갇혀서 알려고 했던 이 허망한 인식의 구조를 돌아보게 되는 것입니다. 그러니 도는 아는 게 아닙니다. 또한 모르는 상태도 아닙니다. 알고 모르는 일과 상관없지만, 아는 것을 떠나지 않았고 모르는 것을 떠나지 않았습니다. 아는 것도 도이고, 모르는 것도 그대로 도일 뿐입니다. 그냥 모든 것이 지금 이렇게 작동되고 있는 이 마음일 뿐입니다.

8. 안다는 것과 깨닫는다는 것

앎이란 '아는 대상' 바깥에 '아는 자'가 따로 있을 때만 가능한 일입니다. 안다는 것은 분리를 전제로 합니다. 그래서 진실을 알았다 혹은 파악했다고 하면, 전체가 아니라 부분을 알고 파악한 것입니다.

아는 것은 분리된 것입니다. 분리되어 있기에 그것에 대한 인력이 작용합니다. 그것은 소유의 대상이고 얻은 것이며, 구하는 마음의 결과물입니다. 그것은 찾은 어떤 것이며, 내세울 수 있는 것입니다. 늘 주객(主客)을 두고 있는 것입니다.

도(道)를 알려는 것은 도를 주체의 소유로 만들려는 심리가 발동하는 것입니다. 진실이라는 것을 다루고 조작하고 유지시키려는 아상(我相)의 습관적이고 치밀하며 교묘한 행태입니다. 안다는 것은 분별된 꿈의 세계 속으로 떨어지는 일이며, 꿈속에서 깨달음을 이루려는 꿈을 꾸는 것입니다.

아는 것은 삶을 변화시킬 수 없습니다. 안다는 것은 분별을 끊임없이 조장하는 '나'를 그대로 두는 것이어서 번뇌와 갈등이 끊이지 않습니다.

깨달음은 '나'를 따로 두지 않습니다. 깨닫는 것은 '알려는 나'와 '알려는 대상'이 본래 분리되어 있지 않은 하나라는 것을 깨닫는 것입니다. 내가 따로 존재하지 않는다는 것을 가슴 깊이 인정하는 것입니다.

내가 따로 없다는 자각은 엄청난 변화를 몰고 옵니다. 타인, 바깥의 것을 생각할 여지를 두지 않습니다. 시작점부터 사라졌으니, 시작에서 비롯되는 거리감, 길, 공간, 시간이 있을 수가 없습니다. 우리의 정신세계에 일대 혁신을 불러일으킵니다. 구하는 마음이 사라지고 찾으려는 마음 작용이 멈춥니다. 알려는 마음이 동력을 잃어버리지만, 까마득하지도 않습니다.

'알 수 없음'이 실재이고, '알 수 없음'이 생생하고, '알 수 없음'이 살아 움직입니다. '알 수 없음'이 바로 깨달음입니다. 아는 모든 것이 '알 수 없음'이며, 알지 못하는 것 또한 '알 수 없음'입니다. 이것이 무엇인지 알 수 없지만, 모든 것이 이것임을 깨닫습니다.

9. 시각의 변화

실상은 지금 드러나는 그대로, 느껴지는 그대로, 생각되는 그대로, 들리는 그대로, 감지되는 그대로입니다. 실상을 깨달았을 때 드러나는 현상이 이전과 다른 것은 아닙니다. 여기에서 더하거나 뺄 것이 아무것도 없습니다.

그런데 실상을 깨닫고 보면 이 모든 것이 꿈과 같음을 보게 됩니다. 설법을 하는 사람도, 설법을 듣는 사람도, 법이라는 것도, 소리, 움직임 모두가 꿈처럼 실재하지 않음을 보게 됩니다. 모든 것이 꿈결 같지만 이 꿈은 늘 현전하는 것입니다. 드러나는 것은 쉼 없이 물결치고 달라지고 사라지지만, 이 모든 것이 하나의 알 수 없는 본래 성품임을 여실히 보게 됩니다.

그러니 깨달음이란 드러나는 현상에 관여하거나 대상을 조정하는 일이 아닙니다. 스스로의 내면의 변화이고, 이 변화는 모든 것이 자기 마음을 떠난 일이 아님을 통달하면서 일어납니다. 안목의 변화입니다. 분별하던 눈에서 분별 그대로 하나의 일임을 보게 됩니다. 머물 곳이 없으며, 탐할 것이 없으며, 손댈 곳이 없습니다. 물론 인연에 따라 생각도 하고 느끼기도 하고 문제를 해결하기 위해 애씁니다. 그러나 그러저러한 행위나 물결에 그런저런 것들이 따로 있어서가 아니라 그저 한 개의 일로서 드러난 여러 가지 분별이고 행동일 뿐입니다.

실상을 깨달으려면 드러나는 현상계가 아닌 스스로를 향해야 합니다. 이 근원이 철저히 밝혀져서 온 우주가 있는 그대로인 채 하나의 근본으로 뚫려 버려야 비로소 어떠한 허공꽃에도 속지 않게 됩니다. 허공꽃이 사라지는 것이 아닙니다. 허공꽃이 허공꽃임을 여실히 볼 뿐입니다.

법은 늘 있는 그대로 지금 눈앞에 있습니다. 이 모든 다른 것들이 하나인 채로 말입니다.

10. 자기변혁

한때 석가모니는 갠지스 강가의 한 마을에서 제자들을 앞에 놓고 이렇게 설법하였습니다.

"옛날 소를 치는 목동이 살고 있었다. 우기도 끝나 소 떼를 갠지스 강 건너편으로 건네려고 하였다. 그런데 그는 강의 상태를 잘 살펴보지도 않고 나루터로서는 적당하지 않은 곳으로 소를 건너게 하였다. 결국 소들은 강 한가운데에서 물살에 휩쓸려 죽고 말았다.

한편 다른 목동 한 사람은 이쪽 언덕인 차안과 저편 언덕인 피안을 잘 관찰해서 나루터를 선택하여 무사히 모든 소를 피안으로 건넬 수가 있었다. 이와 마찬가지로 수행자는 차안과 피안을 잘 알아서 사람들을 인도하지 않으면 안 된다."

차안이란 분별의 세계이고, 피안이란 분별과 분별 아님이 둘이 아닌 불이(不二)의 세계입니다. 깨달음을 얻은 사람은 분별의 세계에서 불이의 세계로 존재의 진화를 경험한 사람입니다. 이 사람도 역시 시작은 분별의 세계였습니다. 등불과 같은 가르침을 따라, 혹은 스스로의 내면 여정을 통해 근원에 도달했고, 근본을 통달했습니다.

깨달으려면 어느 누구도 예외 없이 몸소 차안에서 피안으로 건너야 합니다. 누가 대신 건네줄 수 없습니다. 모든 소들이 목동을 따라 강을 건넜듯이 말입니다. 그런데 여기서 먼저 건너간 사람이 스스로의 경험을 바탕으로 소들을 안전하게 건너갈 수 있도록 안내하게 되는 것입니다.

성경에서 예수를 목자에 비유하는 것도 이와 같다고 봅니다. 사실 우리는 누가 나를 업고 저쪽으로 훌쩍 건너가 주기를 바라는데 어느 누구도 그렇게 해 줄 사람은 없습니다. 자기변혁이기 때문입니다. 이 점을 간과해서는 안 됩니다.

선지식은 그저 안내자일 뿐입니다. 해탈은 스스로가 스스로에게서 이루어지는 것이니 자기실천이 없다면 이루어질 수 없습니다. 우리가 선지식에 의지하는 것은 혹시 강을 건널 때 실수하여 중도에서 길을 잃지 않을까 하는 염려 때문입니다. 우리는 피안으로 건너가 본 적이 없기 때문에 어떻게 건너야 할지, 피안이 어디인지, 어떻게 해야 효율적이고 바르게 건널 수 있는지를 모릅니다. 그러나 건너가 본 사람은 차안 즉 분별의 세계도 잘 알고, 피안 즉 분별과 분별 아님이 둘이 아닌 세계도 잘 알아서 큰 실수 없이 건너게 합니다.

그러나 사람마다 개성이 다르고 인연이 달라서 모두가 똑같은 뱃길을 따를 수는 없습니다. 궁극에는 똑같은 피안이지만, 어떤 사람은 화두의 배를 타고, 어떤 사람은 직지(直指)의 배를 타고, 어떤 사람은 여타의 인연으로 간난신고 끝에 피안에 이를 수 있을 것입니다. 그러나 이 모든 사람이 똑같이 분별의 세계를 벗어나 본래 분별이 없는 중도의 실상을 경험하는 것이기 때문에, 깨달은 사람이라면 그 사람이 어느 정도, 어떤 것에 대한 분별에 싸여 있는지는 볼 수 있을 것입니다.

이 길은 모든 분별이 있는 그대로인 채 본래 아무런 분별이 없었음을 깨닫는 일입니다.

드러나는 모든 것이 사실은 본성의 작용이어서, 그 어느 것도 같지 않지만 그 어느 것도 다르지 않음을 깨닫는 일입니다. 그래서 앉은 자리에서 그대로 해탈하는 일이고, 이미 성불해 있음을 깨닫는 일입니다. 본성은 이미 여여하나 분별의식 때문에 눈이 먼 것이니, 경험 있는 사람은 분별의식에 사로잡힌 이들에게 "그게 아니다. 놓아 버려라. 의지하지 마라. 어느 것도 진실한 것은 없다." 등등으로 둘 아닌 실상을 깨닫도록 안내해 줄 수 있습니다.

목동은 길에서 벗어나 잘못된 길로 접어들려는 양들을 바른 길 위에 오르게 지시해 줄 수 있을 뿐 끝까지 건너가야 하는 것은 양들, 즉 나 자신입니다.

11. 자기탐구

우리는 진실을 추구합니다. 자신의 본모습을 확인하고 싶어 합니다. 이것을 발심이라고 합니다. 진실에 대한 염원을 간직하고 찾아 나서는 것입니다. 이 발심이 없다면 깨달음은 요원합니다. 그런데 깨달음을 염원하면 그 결과로 깨달음이 주어지는 것일까요? 맞기도 하고 틀리기도 합니다.

나중에 진실로 깨닫는 것은 발심의 순간, 아니 그 이전과 그 이후 지금까지 깨달음을 벗어난 적이 없었음을 깨닫는 것입니다. 그러니 발심이 없다면 깨달음의 기회가 없겠지만, 발심의 결과로 깨달음이라는 어떤 것이 주어진 것은 아니라는 것입니다.

왜 진실을 추구하게 될까요? 진실에 눈이 멀기 때문입니다. 추구하고 욕망하는 방식으로 모든 일을 해 왔기 때문에 깨달음도 그렇게 추구하기 시작합니다. 처음에는 밖으로 찾아 나섭니다. 경전이나 가르침의 글들을 보다가 깨달음을 이루었다는 사람들을 찾기도 하고 그분들의 지도를 받기도 합니다. 그러나 깨달음은 밖에서 주어지는 것이 아닙니다. 아마 제대로 길을 찾은 사람이라면 자기 밖에서 깨달음을 얻을 수는 없다는 결론에 도달할 것입니다.

그래서 자기 속으로 들어갑니다. 물론 여러 가르침의 말들을 힌트 삼아 들어갑니다. 그런데 여전히 깨달음의 안내서나 말들에, 혹은 깨달음을 성취한 사람에게 눈이 멀 때가 있습니다. '가르침의 말들'을 탐구해 들어가는 것이 공부라고 여길 수도 있고, 깨달음을 성취한 사람의 말을 쥐고 있을 수도 있습니다. 그러나 이것은 아직 방향을 제대로 잡지 못한 것입니다.

어떤 이는 마음공부를 자기탐구라고 했습니다. 아주 중요한 힌트입니다. 자기가 교과서라는 말이고, 자기가 문제집이라는 말이고, 자기 안에서 해답을 찾을 수 있다는 말입니다. 달리 저 밖에 문제가 없고 해답이 없다는 얘깁니다. 자기가 바로 살아 있는 교과서입니다. 삶에서 부딪치며 느끼는 문제들이 극복되지 않고 깨달을 수는 없습니다.

오로지 시선은 자기에게 모아져야 하며, 자기가 겪고 있는 문제들의 실체를 보아야 합니다. 그 모든 문제들이 해소되지 않고는 결코 피안에 이를 수 없습니다. 스스로를 탐구해 들어가 그 존재의 바닥을 쳤을 때, 모든 문제들이 본래 없었음을 경험하게 되는 것입니다. 안

팎이 없고 모든 것이 오직 존재 자체뿐임을 스스로 증험하게 되는 것입니다. 그러니 여러 문제들이 그대로 있을 수가 없습니다. 온갖 갈등과 번민 그리고 분열이 따로따로 존재할 수 없습니다.

깨달음이란 문제가 싹 쓸어져 아무것도 없는 백지 상태를 말하는 것도 아니지만, 자신의 문제를 여전히 남겨 둔 깨달음이란 것도 있을 수 없습니다.

12. 곧바로 마음을 가리켜 성품을 깨닫는다

《육조단경》에 도명 상좌가 육조 대사와 대화를 통해 깨달음을 이루는 장면은 공부인에게 시사하는 바가 큽니다. 달마 대사가 중국에 온 이래 전개된 조사선(祖師禪)의 방편이 잘 드러나 있습니다.

육조 혜능 스님이 오조 홍인 회상에서 깨달음을 얻고는 옷과 발우를 전해 받습니다. 옷과 발우가 행자이던 혜능에게 전해졌다는 소식을 듣고 오조 회상의 스님들이 그의 뒤를 쫓습니다. 마침 대유령에서 도명 상좌가 혜능 스님을 따라잡게 됩니다. 옷과 발우를 얻을 수 없었던 도명 상좌가 마음을 고쳐먹고 혜능 스님에게 법을 묻습니다.

"나를 위하여 법을 말씀해 주십시오."

그러자 혜능 스님이 말합니다.

"마땅히 모든 인연을 쉬어 버리고 하나의 생각도 일으키지 마십시오. 제가 그대를 위하여 말하겠습니다."

잠시 침묵한 후에 도명에게 말했습니다.

"선도 생각하지 말고, 악도 생각하지 마십시오. 바로 이러한 때에 어느 것이 도명 상좌의 본래면목입니까?"

도명은 말을 듣고서 깨달았습니다. 그러고는 말합니다.

"이제 가리켜 주심을 받으니, 마치 사람이 물을 마시고 그 물의 차고 더운 것을 스스로 아는 것과 같습니다."

조사선의 방편은 특별한 수행을 요구하지 않습니다. 사람이 늘 이 속에 있고 늘 이것을 쓰고 있기에, 쓰고 있는 이 마음을 곧바로 가리켜 보일 뿐입니다. 특별한 상태를 경험하는 것도 아니고, 특별한 경지로 올라서는 것도 아닙니다.

늘 벗어나 있지 않은 근본바탕을 깨닫는 것입니다. 자기의 마음을 자성(自性)이라고도 하는데, 이 자기의 성품을 돌아보고 이것이 전부임을 깨닫는 것입니다. 자기의 근본이 어떻게 우주만상의 근본이 될 수 있을까요?

온 우주가 나의 바깥에 따로 있는 것이라면, 자성을 깨닫는 것이 우주의 근본을 깨닫는 것과 별개일 것입니다. 그러나 이 세상은 나를 떠나서 객관적으로 존재할 수 없습니다. 내가 보고 듣고 느끼고 알고 경험하는 가운데 우주가 드러나는 것입니다. 나의 경험 밖의 우주가 있다고 여기더라도 그것은 나의 생각으로 드러난 것입니다. 생각은 바로 나의 생각이니, 온 우주는 내가 그린 우주인 것입니다.

그러니 자성을 밝히는 것이 바로 우주의 근본을 밝히는 것입니다. 접근이 아주 쉽습니다. 시공간을 따로 빌릴 필요가 없습니다. 우리는 언제나 자신을 떠나 있지 않기 때문입니다. 어떤 특별한 상황을 요구하지 않습니다. 특별하든 특별하지 않든 우리 자신을 떠날 수 없기 때문입니다.

언제나 자기 자신이라면 언제나 자성을 깨달을 수 있다는 것입니다. 자기 자신의 본성을 깨닫는 데 방해가 되는 것은 바로 분별심입니다. 이것을 불교에서는 전도몽상(轉倒夢想)이라고 하는데, 뒤집어진 견해입니다. 실상을 모르니 드러나는 모양을 있다고 여기고 그것에 강력한 믿음을 부여한 착각입니다. 이 착각, 즉 분별된 상에 사로잡히지 않을 수 있다면 자성을 깨닫는 것은 어렵지 않습니다.

육조 혜능 대사가 법을 구하러 온 도명 상좌에게 요구한 것이라고는 생각을 쉬라는 것이 전부입니다.

'좋은 생각이든 나쁜 생각이든, 구하려는 생각이든 얻으려는 생각이든 어떤 생각이 일어나더라도 신경 쓰지 마라. 모든 생각을 따라가지도 말고 없애 버리려 하지도 마라. 모든 의도를 내려놓았을 때, 모든 것의 바탕이 늘 있지 않느냐. 이것에서 생사가 갈리고 나와 너, 우주가 드러나지 않느냐.'

곧바로 가리킨 것입니다. 도명 상좌는 육조 대사의 말씀에 따라 생각을 돌아보지 않았습니다. 모든 의도를 쉬었습니다. 이러자 문득 본래 있던 생생한 마음바탕이 드러난 것입니다. 특별한 얘기가 없습니다. 우주가 사라졌다느니, 내가 사라졌다느니 그러저러한 이벤트가 없습니다. 깨뜨릴 수 없고 늘 존재했던, 어느 누구에게 줄 수도 없고 어느 누구에게서 받을 수도 없는 존재의 바닥을 본 것입니다. 자기만 아는 근본, 존재의 비밀을 스스로 간직하고 있었습니다.

그런데 그 다음 도명 상좌의 말이 의미심장합니다.

"이것은 우리가 물을 마실 때 찬 물을 마시면 찬 줄 알고, 더운 물을 마시면 더운 줄 아는 것과 같네요."

바로 이것입니다.

소리인 줄 알고, 아픈 줄 잘 알고, 사물이 여기에서 드러나고, 생각이 여기에서 잘 드러납니다. 온갖 것이 이 바탕을 떠난 것이 아닙니다.

여러 말이 필요 없습니다.

한번 차가운 물 한 잔 들이켜 보세요.

생생하지 않습니까?

말할 수 없고 보여 줄 수 없지만 스스로 분명한 바로 이것입니다.

13. 문자를 세우지 않는다

법을 전할 때 마음으로 마음에 도장을 찍는다고 합니다(以心印心). 이것을 이심전심(以心傳心), 즉 마음으로 마음을 전한다고 표현하기도 합니다. 깨달음은 문자로 표현할 수 없고(不立文字), 언어로 이를 수 없습니다(言語道斷). 생각이나 상상이나 그림으로 그릴 수 없습니다. 깨달음이라는 어떤 특정한 물건이 있는 것도 아니어서 모양으로 볼 수도 없습니다. 그러나 특정한 어떤 것은 아니지만, 모든 것이 마음 하나여서 없다고도 할 수 없습니다.

이 실상을 전할 때 마지못해 말을 하고 설명을 하지만, 그릴 수도 없고 생각할 수도 없습니다. 그러나 이 그릴 수도 없고 생각할 수도 없는 전체로서 부동인 이것을 깨달아 들어가는 일이 없는 것은 아닙니다. 깨닫고 보면 깨달음이 달리 있는 게 아닙니다.

깨달으려면 그동안 알았던 지식이나 생각, 특히 깨달음에 대한 설명이나 지식에 의지해서는 안 됩니다. 설명이나 지식은 부분일 수밖에 없습니다. 깨달음에 대한 모든 이해와 설명과 지식이라는 죽은 관념을 내려놓았을 때 날것을 만나게 됩니다.

우리가 무언가를 알기 이전부터 늘 있었던 존재 자체이고, 현재도 이것을 떠나지 않고, 늘 경험되는 이것입니다. 이것과 일어나고 있는 일 사이에 어떤 틈새도 없는 것입니다. 일어났다 하면 바로 이것입니다. 그러니 이 일을 깨달을 때는 미세한 생각들, 특히 '나' 라는 생각이나 깨달음이라는 망념들을 모조리 내려놓고 정신이 알몸뚱이가 되어야 합니다.

당장 이것입니다. 생각 생각이 이것이지 어떤 특정한 생각이 이것은 아닙니다. 느낌 하나하나가 바로 이 일이지 어떤 상태, 어떤 특별한 느낌이 이것은 아닙니다. 생각에서 어떤 틈새도 없는 바로 그 자리이며, 느낌에서 어떤 틈새도 없는 바로 이것입니다.

그러니 법이라는 자취가 따로 없습니다. 깨달음이라고 할 만한 것이 따로 없습니다. 일어나는 일과 법 사이에 어떤 간격도 없습니다. 있는 그대로, 현상 그대로 법일 뿐입니다.

모든 것이 이 한 개의 일이니, 마음을 깨달아 들어간 사람도 따로 없고, 깨달음의 관문도 따로 없고, 깨달음이라는 것도 따로 없습니다. 어떠한 흔적도 없습니다. 이것이 허공에 빈 도장을 가지고 도장을 찍는 일입니다.

부디 모든 말을 놓아 버리고, 바로 지금 이미 당도해 있는 이 자리를 보십시오. 모든 것이 바로 눈앞에서 창조되고 있습니다. 나와 너가 나뉘기 이전에 언제나 한결같이 모든 것을 드러내고 있는 여기가 누구에게나 갖추어져 있습니다. 무엇이라고 딱 꼬집어 얘기할 수 없지만, 이것이 모든 것을 드러내고 있고, 모든 것이 이 한 개의 일일 뿐입니다.

14. 방편, 하얀 거짓말

법에 대한 설명은 모두가 거짓인 말입니다. 거짓말을 하려는 의도에서 하는 까만 거짓말이 아니라, 도움을 주려는 의도에서 하는 하얀 거짓말이라고 할 수 있습니다. 이것을 불교에서는 '방편'이라 합니다. 우리가 흔히 쓰는 임시방편이라는 말에서 그 의미를 짐작할 수 있습니다. 임시로 필요해서 쓰는 일시적인 용도의 말이라는 것입니다. 더 쉽게 비유하자면 일회용품이라는 것입니다.

우리는 본래 존재하지 않는 분별된 모습에 집착해 있습니다. 본래 없는 일인데 모양 따라 드러나는 여러 가지 허깨비들을 있다고 여겨 그것에 탐착해 있습니다. 분별에서 벗어나 분별 없는 본성에 통하게 하기 위해 어쩔 수 없이 가르침의 말을 하는데, 이 가르침의 말이라는 것 역시 분별된 말이어서 끝까지 이것에 의지한다면 분별의 세계 속에 머무는 것입니다. 분별할 수 없는 일을 분별된 말로 한다는 것에는 이런 함정이 있습니다.

이것을 모르는 많은 사람들은 "법은 원래 한 개의 마음일 뿐이고, 여기에서 보는 것, 듣는 것, 냄새 맡는 것, 맛보는 것, 촉감을 느끼는 것, 생각하는 것으로 드러나고, 어우러져 우주 삼라만상이 된다."는 말을 듣고는 그런 줄 알아 버립니다. 참으로 건너뛰기 어려운 부분입니다.

예로부터 달을 가리키는 손가락을 보지 말고, 손가락을 통해 달을 본 뒤 손가락은 잊어버리라고 합니다. 또 강을 건넜으면 나룻배는 뭐하러 지고 다니느냐고 말하기도 합니다. 또 설법은 독을 가지고 병을 치료하는 일이다, 병이 다 나았거든 독은 잊어버려라, 합니다.

분별의 세계 속에서 분별을 벗어나 자기 본래의 자리에 눈을 뜨게 하려면 그들과 소통해야 하고, 소통하기 위해 분별된 언어를 써야 합니다. 그런데 이것은 무언가를 가르치기 위한 것이 아닙니다. 세속의 가르침들은 모두 지식을 쌓고 더 정교하게 분별하기 위한 것이라면, 깨달음의 가르침은 분별을 봉쇄하고 이미 갖추어진 진실을 스스로 깨닫게 하기 위한 것입니다.

눈을 가리고 코를 막고 귀를 닫으며 혀를 자르고 머리를 멈추게 하여, 이 모든 일의 발원지인 자기 본래의 자리를 보게 하기 위한 것입니다. 그러니 마음이 눈, 귀, 코, 혀, 몸, 의식으로 향해서는 결코 참된 자신을 보지 못합니다. 이 모든 일이 일어나고 사라지는 지금 이 순간의 바탕에 눈을 떠야 합니다.

밖으로 조금이라도 향하는 바가 있다면 멀어질 뿐입니다. 문득 모든 형상과 소리와 의식의 헤아림을 잊고 이 모든 일의 바탕을 보십시오.

가장 문제가 되는 것이 머리로 헤아리는 것입니다. 우리는 평생동안 생각으로 무언가를 추구하고 헤아리며 살아왔기에 자기 본성도 그렇게 찾아 헤맵니다. 모든 마음의 행로, 생각의 흐름에서 멈추어 보십시오. 한 개의 마음이 삼라만상으로 드러난다는 것도 헤아림이니 놓아 버려야 합니다. 이것은 상상할 수도, 그릴 수도, 헤아릴 수 없는 것입니다.

모르지만 막힘없이 여기에 통할 뿐입니다.

모르지만 근심이 없고, 모르지만 부족하지 않으며, 모르지만 아무 일이 없습니다. 모르는 채로 훤히 아는 일입니다.

지금 이렇게 모르는 가운데, '모른다'에도 마음이 사로잡히지 않는다면 어떻습니까?

맑은 하늘 아래 비바람이 치고 있습니다!

15. 왜 명쾌하게 설명해 주지 않는가

모든 일은 본성을 떠난 것이 아니어서 옳고 그름이 다른 일이 아닙니다. 분별을 말하고 무분별을 말하지만, 사실 한 개의 말이고 하나의 일일 뿐입니다. 자신을 포함해 삼라만상이 이 하나를 온전히 드러내고 있습니다. 방편 삼아 공부를 얘기하고 공부의 경험을 얘기하고 공부의 길을 얘기하지만, 공부가 따로 있고 공부의 경험이 따로 있고 공부의 길이 따로 있어서 그런 것이 아닙니다.

글을 쓰면서 염려되는 점은, 글을 따라 옳고 그름을 보고, 이치에 맞고 맞지 않음을 보지 않을까 하는 것입니다. 글에는 진실로 참다운 게 없고, 말 속에 참이 들어 있는 것이 아닙니다. 글이 시작도 되기 전에 늘 현성되어 있는 이 일 하나만을 깨닫고 확인하고 잊지 말라는 뜻에서 이런저런 말을 하고 있습니다.

선(禪) 혹은 깨달음이라고 이름을 붙입니다만, 어떤 특정한 것이 아니라 모든 것이 똑같은 이 하나의 일입니다. 이것 하나만이 모든 의문과 갈등과 혼란의 해답입니다. 여러 가지가 없습니다. 공부를 하다 보면 여러 가지 의문이 생기고 여러 가지 밖의 것들이 눈에 거슬릴 수도 있습니다. 왜 명쾌하게 얘기를 해 주지 않는지 의아하기도 할 것입니다.

그러나 일부러 그렇게 하는 것이 아닙니다. 말할 수 없고 그림 그릴 수 없는 지금 이 살아 있는 마음, 쉼 없이 온갖 글자와 생각들이 나고 사라지는 여기이기에 정리될 수 없습니다. 이 하나만이 실재이고 전부입니다. 그동안 가졌던 모든 의문이나 의심들이 이 한 개의 용광로 속에서 실체감을 잃고 사라져 버립니다. 분별하여 말할 수 없는 것이기에 동문서답하는 것처럼 들릴 수 있고 사리에 맞지 않은 말처럼 들릴 수도 있습니다.

사실 말을 하기도 전에 이미 적나라하게 드러나 있는 것이어서 말을 하는 것이 이상하고 어색합니다. 인연 따라 온갖 말을 하면서도 말 속에 무슨 심오한 이치가 있다고 여기지 않습니다. 말을 할 때는 그냥 하는 것입니다. 묻기도 전에 현성되어 있는 이 한 개만을 보라고 그때그때 말할 뿐입니다. 의문에 대한 답은 의문 자체입니다. 의문을 떠난 답이 있지 않습니다. '이게 뭘까?' 바로 이것입니다.

16. 눈병

《유마경》에 보면 보살이 불국토를 어떻게 닦아 나가야 하는지에 대한 세존의 설명을 듣고 제자 사리자가 의심을 일으키는 부분이 나옵니다.

'내 눈에는 세상이 아름답지도 깨끗하지도 않고, 모든 것에 차별이 있으며 울퉁불퉁 높낮이가 있다. 이것은 분명 세존이 불국토를 드러낼 때 마음이 아름답고 깨끗하지 못했기 때문이 아닐까?'

이 의혹을 알아챈 세존이 말합니다.

'세상이 아무리 아름답고 깨끗하더라도 보는 사람의 눈에 병이 있다면 아름답고 깨끗하게 보이겠느냐? 본래 세상은 아름답고 깨끗하며 평등하고 차별이 없는데, 보는 자가 눈이 멀어 그것을 제대로 보지 못하고 있다.'

이것이 바로 번뇌에 시달리는 사람의 현실이고, 분별에 사로잡힌 인간의 병폐입니다. 세상은 본래 텅 비어서 이것저것이랄 게 없는데 스스로 허망한 생각에 사로잡혀 고통이 있고, 차별이 있고, 갈등에 사로잡힙니다.

인간이 걸린 중대한 병은 바로 눈병입니다. 세상을 보는 눈에 헛것이 씐 병입니다. 있는 그대로를 보지 못하고 고정된 관념에 사로잡혀서 보기 때문에 세상이 왜곡되어 보이는 것입니다. 모든 것이 자기 마음인데, 마음에 드러난 영상이 실재인 줄 착각하여 갈등을 일으킵니다.

그러니 세상을 탓할 게 아니라, 이 모든 일이 스스로의 마음에서 드러난 환영임을 뚜렷이 볼 일입니다. 모든 것은 이 마음을 통해 드러납니다. 떠날 수도 없고 취할 수도 없지만 너무도 분명하고 생생한 이 마음 말입니다. 이 근본자리를 뚜렷이 보아 이것뿐임을 분명히 깨달을 수 있다면, 세상은 예전과 다름없지만, 본래부터 고요하고 고요했음을 볼 것입니다.

육조 혜능 스님이 깨달은 후 말했습니다.

본래 완전한 줄 어찌 알았겠습니까?
본래 깨끗한 줄 어찌 알았겠습니까?
본래 흔들림이 없었던 줄 어찌 알았겠습니까?

본래 나고 사라짐이 없는 줄 어찌 알았겠습니까?
자성이 모든 현상을 만들어 내는 줄 어찌 알았겠습니까?

이 마음 하나를 깨칠 일입니다.
이 마음뿐임을 깨달을 뿐입니다.

마음뿐이라면 달리 구구절절 많은 얘기들이 필요 없을 것입니다. 모든 것이 바로 이것입니다.

때에 따라 말을 하고, 행동을 하고, 생각을 하고, 움직임에 걸림이 없을 뿐입니다.

잃어버릴 것은 아무것도 없습니다. 본래 없었던 것을 놓아 버릴 뿐입니다. 그릇된 관념을 놓아 버릴 뿐이며, 착각에서 벗어날 뿐입니다. 본래 있는 것만 그대로 있음을 볼 뿐입니다. 지금 당장 온갖 일 그대로 이 마음 하나여서, 이것이 시간과 장소에 상관없이 본래 그랬음을 깨달을 뿐입니다.

17. 견해

오래전 어느 날인가 가르침을 받던 선생님께 이런 말씀을 드린 적이 있습니다.

"저는 이렇게 생각합니다. 아무리 그럴듯한 말을 하더라도 제 삶이 그것을 증명하지 않는다면 그것은 공부가 아니라고 봅니다."

선생님은 무엇이라고 대답했을까요?

"그래, 그렇게 말할 수는 있는데, 그러한 견해를 간직하고 있는 것도 분별망상입니다."

그런데 선생님은 법문 중에 이런 말씀을 하십니다.

"부처가 말 못할까 봐 염려하지 말고 부처가 못 될 것을 걱정해라."

또 이렇게 말씀하십니다.

"모름지기 깨달았으면, 자신의 삶이 달라져야 한다. 스스로 변해야 한다. 그렇지 않은 깨달음은 깨달음이 아니다."

이런 말씀을 하면서 왜 제게는 그런 견해도 갖지 말라고 했을까요? 그래서 이 공부가 참으로 묘하다는 것입니다. 그게 옳은 견해든 그릇된 견해든 법에 대한 어떠한 견해도 용납하지 않습니다.

본래 이대로 아무런 부족함이 없는데, 견해를 세우고 그것을 간직하고 있음으로써 본마음을 흐리기 때문입니다. 마음이란 말에 담을 수 있는 게 아닙니다. 바른 견해든 그릇된 견해든 견해 속에 법이 있는 게 아닙니다. 이것이 철저히 받아들여져야 합니다. 마음은 견해가 아니라 이 세계의 살아 있는 본모습입니다. 어떠한 견해도 요구하지 않고 견해가 영향을 미칠 수도 없습니다. '어떠한 견해도 요구하지 않고 영향을 미칠 수 없다는 것' 까지.

모든 견해를 끊어 버릴 수 있어야, 모든 견해가 삿되고 바름의 구분 없이 실상임을 경험하게 됩니다. "세계가 하나다. 불이법이다."라는 깨달음의 극칙까지 놓아 버렸을 때 세상의 모든 정견와 사견이 진실했음이 드러납니다.

18. 중도는 관념이 아니다

우리는 흔히 공부를 하는 과정 중에 번뇌의 해소나 열반, 중도, 다툼이 없는 마음 상태, 깨끗함에 사로잡힙니다. 그래서 그것을 목표로 공부하기 십상입니다. 산란하면 편안해지려 하고, 갈등이 있으면 갈등을 해소하려는 경향을 보이며, 더러움을 없애는 것을 공부로 알고, 어떠한 것도 마음에 두지 않는 것을 열반이라고 여깁니다. 그러나 이것이 바로 치우친 견해이며, 진정한 중도가 아닌 것입니다.

열반이 따로 있는 게 아니고, 중도가 따로 있는 게 아닙니다. 산란함을 떠난 평화가 따로 있는 게 아니고, 번뇌를 떠난 불법이 따로 있는 것이 아닙니다.

일어나는 인연, 일상경계에 발을 떼지도 않은 채 곧바로 해탈인 것입니다.

중도란 일상사에서 특정한 마음이 따로 없는 것입니다. 우리가 경험하는 것 그대로 어떠한 조작도 없이 진실인 것입니다.

우리는 일상생활 중에 불편함을 경험하기도 하고, 시끄러운 일을 맞이하기도 하고, 마음의 갈등이 일어나기도 하며, 욕심이 일어나기도 합니다. 평범한 우리는 특별한 경계에 매혹되기도 하고, 뛰어난 것에 마음이 가기도 합니다. 부처님을 비방하는 말을 하기도 하고, 남을 헐뜯거나 미워하는 마음이 일어나기도 합니다. 이 모든 경계를 떠나는 것이 공부가 아닙니다.

다만 이 모든 탐진치, 희로애락, 일거수일투족이 다르지 않음을 여실히 볼 뿐입니다. 이 모든 것이 자기 마음 밖에 따로 존재하는 물건이 아님을 투철히 볼 뿐입니다. 그러니 어떤 행을 요구하지 않지만, 이 모든 것이 다른 일이 아닌 참된 자신임을 철저히 볼 뿐입니다. 만약 그러하다면 그 모든 구속이 결코 구속이 되지 않음을 경험하게 될 것입니다. 만약 그러하다면 온갖 경계를 두려워하지도 않고, 피하지도 않고, 시비하지도 않을 것입니다.

무슨 상황에 놓여 있든, 무슨 일을 하든, 불쾌하든, 유쾌하든 그것이 다른 일입니까?

그 모든 것이 자기 마음이며, 자기 마음을 떠난 일은 아무것도 없습니다. 모든 것이 한결같은 자기이니, 그러저러한 것이 그림자와 같을 뿐입니다. 미혹해도 다르지 않고, 밝아도 다르지 않으며, 즐거워도 다르지 않고, 슬퍼도 다르지 않습니다. 고통이 고통이 아니고 보리가 보리가 아니며, 불법도 빈 이름일 뿐이고 부처도 허깨비와 같습니다. 어느 것도 구할 게 없고, 얻을 게 없고, 찾을 게 없으며, 어느 것도 피할 게 없고, 두려워할 게 없습니다.

본래 그렇습니다. 언제나 그랬습니다. 지금 역시 그렇습니다.

지금 이 마음을 깨닫는다면 자연히 그리될 것입니다.

탁탁탁!
당장 이 일!

19. 자만과 자책

마음공부를 하다 보면 밖의 경계에는 마음이 가지 않지만, 안의 경계에 마음이 많이 끄달리는 것을 경험합니다. 극복하기 어려운 문제 중 하나가 바로 자기 자신에 대한 자책에서 자유로워지는 일입니다.

진실로 발심하여 마음공부에 들어섰다면 자신을 앞세우지는 않을 것입니다. 자만심을 키우거나 자아를 강화하는 방향으로 깨달음의 체험이나 성취를 이용해서는 안 된다는 기본적인 인식은 있을 것입니다. 그러나 분별심, 에고는 참으로 교묘합니다. 자기 성취는 돌아보지 않더라도 대상경계에 끄달리거나 사로잡히는 자신을 보면 못마땅하고 자책하는 경우가 많습니다.

자기를 드러내고 싶어 하는 심리적 욕구를 스스로가 발견하고는 자기 공부가 부족한 탓이라고 자책합니다. 순간적으로 남을 헐뜯게 된다거나 상처를 입히게 되는 경우가 있습니다. 자기 욕망을 못 이겨 마음을 일으키고 행동을 하게 될 때가 있습니다. 이럴 때면 자신을 부끄러워하게 되고 공부하는 사람이 이래서는 안 된다며 자기 탓을 합니다.

《유마경》에 우파리가 유마힐의 문병을 거부하는 장면을 보면 이런 문제를 어떻게 보아야 하는지 잘 나와 있습니다. 두 비구가 계율을 어겨 참회하고 싶었습니다. 그래서 우파리를 찾아와 참회시켜 줄 것을 요구합니다. 우파리는 그들에게 자기 잘못을 인정하게 하고, 다시는 계율을 어기지 말라고 타이르며 수행에 정진하도록 독려합니다. 많은 사람들은 이 부분에 대해 당연한 가르침이라고 여길 것입니다.

그러나 유마힐이 이 장면을 보고는 두 비구에게 죄를 더하지 말라고 꾸짖습니다. 수행인 스스로 자기 잘못을 인정하도록 하고 다시는 잘못을 저지르지 못하게 하는 것 자체가 바로 아상을 강화하는 일이라는 것입니다. 자기를 칭찬하는 것이나 자기의 죄를 묻는 것이 모두 분별심의 소산이기 때문입니다. 일단 죄가 있음을 인정한 것이고, 죄를 지은 나를 인정한 것입니다.

분별심은 참으로 교묘합니다. 자기를 내세우는 것이나 자기를 비하하는 것 모두 에고를 강화하는 것이고, 분별심을 공고히 하는 것입니다. 우리는 자기를 내세우는 것만이 아상을 공고히 하는 것이지, 자기를 비하하는 것이 어떻게 아상을 공고히 하는 것이냐고 의아해할 수 있습니다. 그러나 앞에서도 말했듯이, 자기를 앞세우는 것이 통하지 않으니 자기를 비하하는 것으로 아상을 지키려는 교묘한 전략을 펴는 것입니다. 본래 죄가 공했고 자기가 공했음을 받아들이는 것을 어떻게든 거부하고 싶은 것입니다. 여기에 우리는 잘 속습니다. 자기를 돌아볼 필요가 없습니다. 당장 눈앞의 진실에 관심을 두고 여기에서 밝을 뿐 애써 마음을 쓸 일이 따로 없습니다.

사람의 심리를 보면 가학과 피학 혹은 자학은 동전의 양면입니다. 강렬한 에고가 생존하려는 수단입니다. 자기를 높이는 것과 자기를 깎아내리는 것은 모습은 다르지만 내재된 욕구를 보면 다르지 않은 심리입니다. 바로 강력한 에고의 반증입니다.

본성을 깨닫는 공부라고 합니다. 본성은 이미 누구에게나 완전하게 갖추어져 있습니다. 누구나 소리를 들을 줄 알고, 생각도 잘하며, 느낄 줄도 잘 압니다. 본성이 없다면 살아갈 수 없습니다. 다만 깨닫고 깨닫지 못하고의 차이는 본성에서 투영된 그림자에 사로잡히느냐, 아니면 모든 게 본질적으로 다르지 않음을 깨달아 그 어느 모양에도 사로잡히지 않느냐의 차이일 것입니다.

그런데 투영된 그림자들 가운데 가장 고질적이고 극복하기 어려운 것이 '나라는 환상' 입니다. 내가 독자적으로 존재한다는 강력한 믿음이 분별의 중심입니다. 그러니 공부인은 내가 따로 없다는 자각을 바탕으로 실제 삶 속에서 스스로 구현할 수 있어야 합니다. '모든 것이 마음 하나뿐임' 을 깨달았더라도 삶 속에서는 여전히 내가 따로 있다면 제대로 된 공부가 아닙니다. 분별로 인한 번뇌가 끝나지 않을 것이기 때문입니다.

자만하지도 말고 자책하지도 마십시오. 그림자와 같은 존재에 자꾸 의미를 부여하지 마십시오. 만법이 모두 마음의 투영이어서 비었고 비었습니다. 죄도 비었고, 허물도 비었고, 나도 비었고, 깨달음이라는 성스러운 것도 본래 비었습니다.

온 우주 삼라만상이 바로 이 텅 빈 마음뿐이어서 달리 염두에 두고 의미부여하고 깎아내릴 일이 없습니다. 언제나 만법이 그러함을 여실히 보아 온갖 경계 속에서 자유로울 뿐입니다.

20. 참된 보물

본래 이 마음뿐이어서 달리 구하고 이해할 것이 없습니다.

아무것도 배우지 않은 어린아이 때부터 나이 들어 온갖 것을 아는 지금 이때까지 늘 한결같이 달라지지 않은 것이 바로 이 마음입니다.

마치 허공에 온갖 새들이 날아가고 날아오고 온갖 구름이 흘러가고 흘러오지만 허공은 예나 지금이나 한결같은 것과 같습니다.

지금 이렇게 온갖 상념이 일어나고 사라집니다.
지금 이렇게 온갖 소리가 나타났다 사라집니다.
지금 이렇게 사물사물이 모습을 달리하며 드러납니다.

드러나는 대상은 각기 다르지만 이 한 개의 마음은 변함이 없습니다. 이것이 우리 참 면목이고 이것이 온 세상의 근본이며, 이것이 바로 우주이고 우주가 바로 이것일 뿐입니다.

그러니 달리 배울 것도 없고, 달리 얻을 것도 없습니다. 이 글을 읽음에 이해할 것도 없고 받아들일 것도 없습니다. 지금 이 글자들이 드러나는 여기. 글자 따라 온갖 상념이 나고 사라지는 이 텅 빈 자리.

드러나는 것을 따라가기는 쉬워도 온갖 드러남 속에 흔들리지 않기는 어렵습니다. 이게 힘이고 안목의 차이입니다.

그러하든 저러하든 바로 이것일 뿐입니다. 우리가 보고 듣고 아는 어떤 도가 있는 게 아닙니다. 모두가 자신이 드러내고 있으면서 남의 창고에서 보물을 찾으려고 합니다. 찾고 있는 이것이 참된 보물일 뿐 따로 번쩍이는 보물은 없습니다.

21. 하나임

무언가를 관(觀)하고, 무언가를 고요히 지키고, 어떤 대상을 숭배하면 깨달음에 도달할 수 있을까요?

우리가 흔히 하는 어떤 대상에 대한 몰입은 어떤 존재 혹은 신에 대한 헌신과 비슷한 유형이라고 볼 수 있습니다. 하나의 특정 대상에 헌신할 때는 자기를 낮추고 어떤 대상에 몰입해 들어갑니다. 흔히 기독교에서 말하는 신에 대한 헌신이 동양 전통의 좌선수행과도 맥이 통한다고 볼 수 있습니다. 몰입하는 것이 하나님 대신 한 개의 점일 수 있고, 특정 상징일 수 있습니다.

그러나 특정 대상을 둔다는 것은 이미 주객이 분리된 구조입니다. 무언가에 몰입해 들어가는 주체가 깔려 있는 것입니다. 그러나 '하나님' 이라고 말하는 데서 알 수 있듯이 진정한 하나님은 나와 분리된 하나님이 아닙니다. 하나님과 나가 둘이 아닌, 즉 헌신 대상과 헌신

주체가 둘이 아닌, 몰입 대상이기도 하고 몰입 주체이기도 한 것이 진정한 하나님입니다.

그러니 어떤 수행을 하거나, 헌신을 하기 이전에 하나님인 것이고, 어떤 수행을 하거나 헌신을 할 때도 하나의 바탕을 떠난 일이 아닙니다. 그럼 어떻게 이 하나를 깨달을 수 있을까요? 결론적으로 말하자면 어떻게 하든 하지 않든 아무 상관이 없다는 것입니다. 어떻게 할 때나 하지 않을 때나 똑같이 하나를 떠나지 않습니다. 그러니 어떤 수행을 해서 깨달을 수도 있고 깨닫지 못할 수도 있습니다. 어떤 수행을 하지 않더라도 깨달을 수 있고 그렇지 못할 수 있습니다.

온통 하나의 마음이고 하나님의 세계뿐이라면, 이것을 확인하는 데 정해진 길은 없는 것입니다. 아니, 아예 길이란 존재하지 않는 것입니다. 만약 길이란 게 있다면, 지금 이 순간 여기와 그곳 사이에 거리가 있다는 것이어서 그것은 두루한 진실이 될 수 없습니다. 언제 어디서나 항상한 하나님이라면 지금 무슨 경험을 하든 하나님이라는 것입니다.

나와 하나님 사이에 길은 없습니다. 본래 헌신의 대상이 따로 없고 헌신의 주체가 따로 없습니다. 지금 당장 이 자리가 진실한 자리입니다. 언제 어디서나 하나임의 세상입니다. 이것을 스스로 깨달아야 합니다.

22. 본래 완전한 깨달음

본래 깨달음은 완성되어 있다고 합니다. 마음공부는 우리가 깨달음이라는 어떤 것을 완성시켜 나가는 것이 아닙니다. 본래 완전하여서 우리의 심적 상태나 의지와 욕구에 상관없이 늘 한결같음을 깨닫는 일입니다. 그러니 그것을 찾아 여기저기 돌아다닐 이유가 없으며, 그것을 완성시키기 위해 마음이 분주하게 노력할 필요도 없는 것입니다. 단지 이미 완전하여 어떤 상황에서나 한결같음을 깨달을 뿐입니다.

"본래 완전한데 다시 왜 또 깨쳐야 합니까?"라고 물을 수 있습니다. "깨쳐야 한다면 어떻게 깨쳐야 합니까?"라고 물을 수 있습니다.

본래 완전하다는 것은 깨달은 사람의 말이지, 자신이 몸소 깨달은 것이 아닙니다. 남의 조언은 그저 조언일 뿐입니다. 스스로가 깨닫지 못한다면 본래 완전하다는 것도 관념으로 받아들일 뿐이어서 스스로의 삶에 아무런 변화를 가져오지 못합니다. 생각으로는 완전한데 스스로의 삶을 돌아보면 불완전투성이입니다. 늘 갈등 속에 살면서 스스로 완전하다고 되뇌어 봐야 또 다른 갈등의 씨앗만 잉태하는 꼴입니다.

어떻게 하면 스스로 완전한 본성을 벗어난 적이 없음을 깨달을 수 있을까요?

사실 이 물음 자체가 완전한 본성의 표현입니다. 그런데 이런 질문을 할 때 우리는 스스로가 일으킨 생각에 사로잡혀, 완전이니 본성이니 분리하여 그림을 그리고는 그것 속에 사로잡힙니다.

이 질문이 드러날 때 질문을 따라가지 않는다면 여여한 성품이 확인될 것입니다. 이것은 어떤 모양은 아닙니다. 모양이라면 무언가를 통해 드러나 버린 현상입니다. 지금 이런저런 생각을 하고 있을 때 생각은 봇물처럼 튀어나오지만, 거기에 빠지지 않고 그냥 본다면, 알 수 없는 생동감으로 온갖 인연의 그림들이 그려지고 있음을 직감할 수 있습니다. 이 텅 빈 성품이 아니라면 모든 것이 일어날 수 없습니다. 이것은 이 세상의 온갖 것을 그려 내는 공덕을 갖추고 있지만 정작 스스로는 따로 모습이 없습니다. 드러난 것 그대로가 다르지 않은 성품입니다.

그래서 마지못해 "어떻게 해야 깨달을 수 있습니까?"에 대한 답을 하자면, 온갖 생각이나 말을 따라가지 않고 온갖 생각과 말과 소리와 사물이 드러나는 여기에 머물러 보라는 것입니다. 여기가 바로 모양 없는 문인 것입니다. 여기에 머무는 힘이 있다 보면 시절인연이 도래하여 문득 안목이 열릴 것입니다. 그렇지 않고 공부에 대한 온갖 망상을 세워 놓고 그것에 맞는 그림을 찾는다면 결코 이 소식을 보지 못할 것입니다. 그 그림들이 시야를 가리기 때문입니다.

분별의식은 세상을 자기가 원하는 대로 보게 만듭니다. 현상계의 사물사물이 따로 존재한다고 강력하게 믿고 있다면, 이 세상은 온갖 분별된 것들로 가득 찬 세상이 될 것이고, 깨달음이란 것도 그 수많은 품목 중에 하나로 추가될 것입니다. 그렇게 공부하다 보면 어떤 특별한 경계를 만나 그게 바로 깨달음의 상태라고 착각하게 됩니다.

그러나 아무것도 헤아려 따져 보는 시각이 없을 때는 이런저런 것의 존재감이 사라집니다. 행주좌와[1], 어묵동정[2], 삼라만상[3]이 너무도 당연히 이 한 개의 소식이어서 다른 것이 없습니다. 마치 갓난아이가 발가벗겨진 상태로 세상을 맞이하듯이, 정신적으로 어떠한 관념이나 지식에 의지하지 않고 순수하게 그냥 있는 것입니다. 살아오면서 치장된 알음알이에 사로잡히지 않으면 않을수록 실상에 눈을 뜰 기회는 많아질 수밖에 없습니다.

---

1 行住坐臥. 걷고 머물고 앉아 있고 눕는 것.

2 語默動靜. 말하고 침묵하고 움직이고 가만히 있는 것.

3 森羅萬象. 우주에 있는 온갖 사물과 모든 현상.

당장 이것입니다. 당장 모든 일이 이 속의 일입니다. 마음을 움직일 필요가 없습니다. 헤아림에 의지할 필요가 전혀 없습니다. 만약 이 살아 있는 실재에 여전히 깜깜하다면 자기도 모르게 생각에 사로잡혀 있는 것입니다.

23. 곧바로 이 자리

공부를 하다 보면 여러 가지 문제를 느낄 때가 있습니다. 공부에 몰입이 잘 안되기도 하고, 생각이나 해 오던 습관 따라 끌려 다니는 스스로가 참으로 못마땅합니다. 그래서 일부러 생각을 끊어 보려고도 하고 습관과 반대 방향으로 행동을 바꾸어 보려고도 합니다.

예를 들어, 마음공부에 몰입하고 싶은데 몰입이 안 될 때가 있습니다. 물론 이런저런 해야 할 일이 많아서이기도 하고, 몸이 약하거나 마음이 움직이지 않아서이기도 합니다. 또는 다른 사람이 보기에 충분히 간절한데도 스스로는 간절하지 못해서 깨닫지 못한다는 생각을 가지고 있는 분들도 있습니다. 이러할 때 우리는 하는 일을 접고, 공부를 방해하는 환경을 떠나 조용한 곳으로 피해야 한다는 생각을 하기 쉽습니다. 또, 건강을 되찾은 후에 공부를 해야겠다고 마음먹기도 합니다. 어떤 사람은 공부를 자극할 수 있는 공동체를 찾아 나서기도 합니다.

물론 어떤 식으로든 공부를 하려는 몸부림은 필요합니다. 다만, 우리의 본성이란 게 어떤 상황을 조작하거나 마음을 바꿔 먹고서 존재하는 게 아님을 먼저 알아야 합니다.

여러 가지 처리해야 할 일이 있더라도 참된 본성은 변함없고, 몸이 아파도 한결같은 것이며, 열망이 강하든 그렇지 않든 상관없는 것이 우리의 본성입니다.

그러니 요점은, 무슨 일이 일어나든지 일어나는 그러저러한 경계에 시선을 두지 마시고, 이러할 때도 '항상한 자신이 뭘까?' 하는 의문에 몰두하는 것입니다. 또 이 성품을 체험한 사람이라면 곧바로 항상한 이것에 마음의 시선을 두시라는 것입니다.

아파도 이 일로 인해 생생한 것이고, 일이 많아 공부에 몰입하지 못한다는 것도 사실은 이 일로 인해 드러나는 것입니다. 간절하거나 간절하지 않은 일이 있는 게 아니라 이 일로 인해 간절하다 그렇지 않다가 드러납니다.

그러니 매 순간 우리는 공부와 마주해 있으며, 언제 어디서나 공부의 기회를 얻고 있습니다. 아프다면 이 일을 너무도 생생하게 경험하는 것입니다. 상황을 변화시켜서 공부를 하려는 생각을 접으시기 바랍니다. 지금 당장 분별이 일어나는 자리가 바로 깨달음의 자리입니다. 스스로가 온갖 번민과 나태에 싸여 있더라도 불현듯 깨어남의 체험이 있을 수 있습니다.

매 순간이 기회이므로 다시 마음을 일으켜 깨달음에 알맞은 환경을 만들거나 찾아 나서는 망상을 더하지 말라는 것입니다.

깨달음이란 지금 일어나는 온갖 망상 가운데 이것 그대로 한결같음을 보는 것입니다. 그것 그대로 더하지도 덜하지도 않은 깨달음이지 달리 깨달음을 추구하는 것이 아닙니다.

아프다면 아픈 이 자체, 힘들면 힘든 이대로, 발심이 안 되면 발심이 안 되는 바로 이것, 깨닫지 못했다면 깨닫지 못했다는 바로 이 생각이 생각 그대로인 채 우리 존재 자체입니다.

곧바로 그 자리에서 단 반걸음도 마음을 옮기지 마십시오.

드러나면 곧바로 이것일 뿐 달리 깨달음을 말하지 않습니다.

24. 실재는 당장 이것뿐

우리가 꿈속에 있을 때는 그 속의 세계가 모두 꿈일 뿐임을 알 수 없습니다. 어떤 사람이 나타나서 이 모든 게 꿈이라고 말해 주어도 믿기지가 않습니다. 그런데 깨어나고 보니 자기가 꿈을 꾸었다는 사실을 알게 됩니다.

마음공부도 이것에 비유할 수 있습니다. 우리가 지난밤에 꾼 꿈이 꿈이라는 것을 알고 있는 지금, 눈앞에 온갖 물질세계가 드러납니다. 나를 포함한 모든 것들이 너무도 생생하게 느껴집니다. 이것을 꿈이라고 여길 수가 없습니다. 지금 이 순간 어떤 사람이 나타나서 이 실제로 있는 듯한 세계가 꿈이라고 말합니다. 여러분은 이 말을 믿을 수가 있습니까?

다시 현상계에서 깨어나는 체험이 있어야 이 현상계가 꿈임을 뚜렷이 알 것입니다. 그러나 문제는 꿈에서 현실세계로 깨어나듯, 현실

세계에서 다른 세계로 옮겨갈 수는 없다는 것입니다. 그런데도 그냥 이 세계에 있으면서 자신을 포함한 모든 것이 꿈같은 세계임을 분명히 깨달은 사람들이 적지 않습니다. 몸을 바꾸지 않고 세상을 바꾸지 않고 이 현실세계에 있으면서, 이 현실세계가 어젯밤 꿈과 전혀 차이가 없는 꿈임을 깨닫습니다.

이들은 어떻게 이 세계가 꿈같은 세계임을 분명히 실감하고, 당연하다고 여기고, 아무 거리낌 없이 말할 수 있을까요?

의심을 했기 때문입니다. 생사의 물결을 의심하고, 자신의 참 존재가 무엇인지를 의심하고, 이 세상이 실재하는지를 의심하고, 이 세상의 근원이 무엇인지를 의심했습니다. 실제로 이 세계는 꿈과 다를 바 없기에 이 세계의 실재성을 의심할 만한 일들은 곳곳에서 벌어집니다.

스스로는 늘 항상한 것 같은데, 내가 나로 알고 있는 육체는 쉼 없이 변합니다. 모든 드러나는 것들이 멈춰 있지 않아 이 모든 것들이 실체성이 없음을 직감할 때가 있습니다. 어떤 고통스러운 경험들을 떠올리면 무척 괴롭지만, 그런 생각이 없을 때는 아무 일이 없습니다. 일이 달라지는 것도 아닌데 생각 여부에 따라 달라집니다.

세상의 모든 일을 잊고 생각이 사라지면 고통은 없습니다. 그러다가 다시 생각이 일어나면 온갖 고통이 물밀듯이 밀려드는 것을 관찰하게 됩니다. 영화관에 가서 세상사를 잊고 영화에 빠져들 때는 마음이 평화로웠다가, 영화가 끝나고 현실의 일거리들이 떠오르면 번민이 밀려옵니다. 여행을 떠나 집안일을 잊을 때는 아무 일이 없어 행복하기만 한데, 집으로 돌아와 온갖 처리해야 할 일이 있음을 보면 불편합니다.

이런 경험들을 통해 뭔가 이상한 것을 보게 됩니다. 생각할 때는 온갖 일이 일어나 괴롭지만, 생각하지 않을 때는 아무 일이 없습니다. 생각에 실마리가 있는 것 같습니다. 그런데 생각을 가만히 보면 생각은 실재가 아닙니다. 그냥 생각입니다. 텅 비어서 아무런 실체가 없는 것입니다. 이 아무것도 아닌 것이 그것에 믿음을 부여하면 온갖 것이 실제 있는 것으로 보이고, 거기에 따른 습관화된 감정이 일어납니다. 아무것도 아닌 것에 속으면 현상계가 실재인 것 같습니다. 그러나 이 모든 것이 생각임을 뚜렷이 보면 아무 일이 없습니다.

사람은 생각 없이 살 수 없습니다. 아니, 사람이 생각이고, 삶이 생각입니다. 이 생각이 아니면 어느 것도 드러날 수가 없습니다. 왜 이런 일이 일어나는지 알고 싶지만 알아보아야 텅 빈 생각입니다. 실제 그런 일이 없는 앎입니다.

온 우주가 지금 이렇게 한 생각에 드러나는 듯 보이지만 모두 생각일 뿐이어서 본래 드러나는 일이 없고, 나라는 것도 존재하는 듯 여겨지나 이 또한 생각을 통한 일이니 실체가 없습니다. 세계가 저 밖에 객관적으로 존재하는 것처럼 보이나 모두 생각 속의 일입니다. 이쯤 되면 현실세계가 모두 꿈이라는 말에 수긍할 수 있을 것입니다. 그런데 이 모든 게 꿈이라면 이 꿈은 어디에서 드러나고 있을까요?

지금 한 생각이 일어나니 이 현실세계가 이렇게 드러납니다. 쉼 없이 드러나고 있습니다. 지금 당장 현실의 꿈이 꾸어지고 있습니다. 모든 드러나는 것은 꿈같은 일들이지만, 지금 이렇게 이 꿈이 꾸어지고 있는 생생한 작용은 부정할 수 없습니다. 이 꿈을 가능하게 하는 것이 무엇인지는 알 수 없습니다. 그러나 지금 쉼 없이 꾸어지게 하는 이것은 드러난 꿈이 아닙니다. 무엇인지 모르지만 생생하고 한결같은 이 바탕을 실감할 수 있습니다.

뭔가 드러나면 바로 이것입니다.
어떤 것이 드러나도 이것을 벗어난 것이 없습니다.
실재는 그 어느 것도 아닌 당장 이것일 뿐입니다.

25. 밑도 끝도 없는 일

《반야심경》에 "오온이 모두 비었음을 비추어 보고 모든 고통에서 벗어난다(照見五蘊皆空 渡一切苦厄)."라는 말이 있습니다.

오온이란 세상 모든 것, 우리가 보고 듣고 느끼고 앎을 통해 경험되는 모든 것입니다. 전체를 말합니다. 전체가 텅 비었음을 비추어 보고는 모든 고통에서 벗어난다는 것입니다. 이것이 바로 깨달음의 요지입니다.

고통이란 그러저러한 것이 있을 때 일어납니다. 만약 고통을 주는 대상도, 고통을 받는 주체도, 고통이라는 어떤 것도 모두가 텅 비었음을 깨닫는다면, 그 고통은 일어나더라도 일어난 것이 아닙니다. 이것을 무생법인[4]이라고 합니다. 어떤 것이 일어나기는 일어난 것 같은

---

4 無生法忍. 일체가 꿈처럼 드러난 일이어서 실제로는 생멸변화가 없다는 도리를 받아들이고 아는 일.

데 그 근본을 보니 비었더라, 자성이 없더라……

그러니 괴로워할 이유도 없고, 그것에 집착할 필요도 없고, 즐거운 일이 있다고 사로잡히지도 않습니다. 지금 경험되는 모든 일이 그렇다는 것입니다. 이렇게 말을 하고 있는 것도 말에 무슨 실체가 있는 것도 아니고, 듣고 있는 온갖 소리도 실체가 있는 것이 아니며, 생각하는 모든 것, 드러나는 사물사물을 잘 보니 어떻게 생각하느냐에 따라 다르고, 받아들이느냐 그렇지 않느냐에 따라 다르며, 받아들이는 감각의 조건이나 상황, 보는 주체, 보는 시간, 일어나는 장소 등등에 따라 모두 다릅니다. 일어나기는 지금 이런 모습으로 일어나는데, 그 근본을 보니 그것이랄 게 없다……

사실 '아무것도 없더라.' 는 것까지 비었습니다. 이런 말을 들으면 무기력해지겠지만, 잘 보면 무기력할 나도 없습니다. 모든 것이 평등하게 비었습니다. 이것이 법성이며, 망상이 실상인 도리입니다. 허망분별이란 실상에 어두워, 드러나는 것들이 따로 있다고 실재감을 부여할 때의 일입니다. 온갖 것들이 실재한다면, 그것들 사이에 거리가 있고, 거리가 있기에 그 각자의 것들이 각각의 행로를 보이면서 서로 충돌을 빚을 수밖에 없습니다. 각각이 독자적으로 존재하기에 갈등을 야기할 수밖에 없습니다. 그것들 사이에서 쉼 없는 조율과 수고를 불러올 수밖에 없는 운명입니다. 언제나 긴장해야 하고, 마음이 일어나는 일마다에 촉각을 곤두세울 수밖에 없습니다. 이것이 번뇌입니다.

그런데 잘 살펴보니 모든 것이 따로따로이기는 한데 한결같이 텅 빈 모습이더라, 내용물이 없더라…… 이게 법계이고 모든 모습의 실상입니다. 모습에서 해탈하고 독자성에서 해탈하고, 테두리가 없으며, 한계와 장애가 없습니다. 이것이 모든 고통에서 벗어나는 묘책입니다.

무슨 일이 일어나도 일어난 바가 없고 한결같으니, 마음의 긴장과 애씀이 사라지고 갈등이 일어날 수 없습니다. 드러나는 모양은 각각이기에 사건과 사건이 충돌하는 것 같고, 사물과 사물이 부딪치는 것 같고, 사람과 사람 사이에 각각의 행로에 따라 갈등하는 것처럼 보이기는 하나, 진실로 사건과 사건이 만날 수가 없고, 사물과 사물이 간섭받지 않으며, 사람과 사람 사이에 간격이 없습니다. 이 실상을 깨달아야 번뇌가 저절로 폐기처분되는 것입니다.

어떻게 하면 깨달을 수 있겠습니까?
이 말도 비었습니다.

어떻게 하면 눈을 밝혀서 제대로 볼 수 있을까요?
허공 가운데서 울리고 있습니다.

지금 당장 밑도 끝도 없는 데서 그림자처럼 일어나고 있습니다.
지금 당장 이 말이 일어나는 곳에 무엇이 있습니까?

아무것도 잡히지 않고, 보이지 않고, 느낄 수도 없는 자리이지만, 쉼 없이 온갖 빈 말과 빈 생각들이 튀어나오고 있습니다.

이 모양 없는 것을 마음이니 본성이니 하지만 이것도 빈 이름일 뿐입니다. 그냥 밑도 끝도 없는 데서 말과 생각이 환상처럼 출몰하고 있을 뿐입니다.

26. 분명하다

진실이 분명해진다는 것은 주객이 분리 속에서 어떤 대상으로 분명해지는 것이 아닙니다. 때로 '이 일이 분명하다', '의심할 여지가 없다', '또렷또렷하다'라는 방편의 말을 합니다. 그런데 이 분명함, 의심할 여지 없음, 또렷또렷함이란 주관과 객관이 분명하게 눈에 보여서 분석도 하고, 토론도 하고, 묘사도 하고, 뜯어고치기도 할 수 있는 것을 말하는 것이 아닙니다.

이 분명하고 또렷함이란 특정한 것을 볼 때뿐만이 아니라 보지 않아도 분명한 것입니다. 특정한 냄새를 맡거나, 특정한 생각을 하거나, 특별한 감정을 느낄 때만 그러한 것이 아닙니다.

깜깜해도 분명하고, 어떤 냄새인지 알지 못할 때도 분명하고, 스스로가 어떤 감정 상태인지 정리가 안 될 때도 분명하고, 생각이 엉망진창이 되더라도 분명하고, 분별할 수 없는 소리가 일어나는데도 의심할 여지 없이 분명하고 분명한 것입니다.

이것은 분별하여 손에 잡히듯이 아는 게 아니기 때문에 알 수 없다 하지만, 우리가 흔히 알 수 없다는 데서 동반되는 답답함이나 깜깜함이나 못 견딤을 수반하지 않습니다. 그냥 무엇인지 분간할 수 없지만 늘 항상함을 부정할 수 없는 묘한 일인 것입니다. 이것으로 인해 모든 것이 드러나고 사라지며, 이것이 전부임을 통렬히 깨달을 뿐입니다.

무언가를 알려고 하면 끊임없이 주객이 분리됩니다. 이 주객의 분리 속에서는 어떠한 말을 하고 듣든지 헛수고일 뿐입니다. 그러나 이 온통 주객이 분리되는 가운데에도 늘 이 모든 것을 드러낸다고 할 수 있고, 비춘다고 할 수 있고, 저절로 안다고도 할 수 있는 이 묘한 일이 있습니다.

손에 잡히지도 않고 꺼내 놓을 수도 없고 냄새도 없고 흔적도 없지만, 묘하게 살아서 모든 작용을 일으킵니다.

이 부정할 수 없는 일이 분명합니다.

나를 포함하여 우리가 보고 듣고 느끼고 아는 모든 세상이 이 묘한 작용으로 환영처럼 나타나고 사라지고 있습니다. 모든 것에 예외가 없습니다. 아무리 가치 있는 것이라도, 하찮아서 마음이 가지 않는 것이라도 예외 없이 이것으로 인해 드러나고 사라지는 듯 경험될 뿐입니다.

세상 모든 것이 이 한결같은 묘한 일임을 깨닫는다면, 뚜렷하게 손에 잡히는 것은 아무것도 없지만 두렵지도 않고 답답하지도 않고 어둡지도 않습니다.

지금 온갖 것이 이 하나의 일이어서 고요하지만 쉼 없이 생동합니다. 온갖 것이 이렇게 생생합니다.

이렇게 분명합니다.

27. 회향

법은 이미 완전해서 우리의 말과 생각에 어떠한 영향도 받지 않습니다.

'말에 머물지 마라. 말에 떨어졌다.' 고 하더라도 그런 일이 없는 것이 법입니다. 단박에 모든 말을 떨쳐 버리고 그 말의 근원으로 돌이킬 수만 있다면, 방편과 진실이라는 것이 모두 그림자와 같을 것입니다.

언제나 회향[5]입니다. 근원을 벗어난 것은 아무것도 없습니다. 새가 하늘을 날아도 하늘에는 한 점 티끌도 남아 있지 않은 것처럼, 우리가 온갖 법에 대한 말, 일상적인 말, 좋은 말, 나쁜 말을 하더라도 이 모든 그림자 같은 것들이 사실은 하나의 근원일 뿐입니다.

---

5 回向. 자기가 닦은 선근 공덕을 다른 중생이나 자기 자신에게 돌리는 일. 여기서는 모든 것이 근원을 벗어난 일이 아니므로 언제나 근원으로 돌이키라는 뜻으로 썼다.

온갖 말이 모두가 평등하다는 소식을 투철히 깨달아야 합니다. 그래야 말에서 자유로울 수 있습니다.

온갖 행위가 모두 평등한 소식임을 투철히 깨달아야 합니다. 그래야 온갖 행위에서 자유로울 수 있습니다.

온갖 삼라만상이 모두 다르지 않은 소식임을 깨달아야 합니다. 그래야 온 세상이 텅 비어 버릴 것이고, 이 텅 빔이 죽은 텅 빔이 아니라 순간순간 생사(生死)의 묘용(妙用)과 현상의 파노라마를 함께 머금고 있음을 볼 것입니다.

이 실상을 보려면 자신의 근원으로 향해야 합니다.

스스로가 무슨 일을 경험하든 어떤 상황에 놓이든 항상 존재의 근원을 향해 시선이 모아져야 합니다. 온갖 분별망상의 수풀을 뚫고, 까마득한 옛날부터 홀로 있는 자신의 근원을 명확히 밝혀야 온 세상이 크게 죽고 스스로 크게 살아날 것입니다.

이러고 나면 분별이니, 분별 아니니, 법이니, 근원이니 모두가 꿈결 같은 얘기이지만, 필요에 따라 막힘없이 쓰는 데 아무런 장애가 없을 것입니다. 꿈속에서 꿈인 줄 알면서 온갖 꿈 얘기하는데 무슨 장애가 있겠습니까?

28. 꿈같은 현실, 현실같은 꿈

우리는 늘 이 마음을 벗어날 수 없습니다. 지금 이렇게 생각이 일어나는 이 마음이고, 온갖 것이 드러나고 있는 지금 이 순간 이 마음입니다. 이 마음으로 인해 성인의 경지와 범부의 의식을 논하는 것이니, 여기서 드러난 그림자와 같은 것에 관심을 두지 마시고, 지금 이렇게 온갖 것을 생동시키는 이 마음뿐임을 깨칠 일입니다.

모든 사람이 이 한 개의 마음을 쓰고 있습니다. 사실 쓴다는 것도 마지못해 하는 표현입니다. 이 마음이 아니면 사람이라는 것도 있을 수 없고, 쓴다는 일도 일어날 수 없습니다. 그저 어떤 기미만 보여도 이 마음의 작용이니, 여기서 드러난 것들은 항상 변하지만 이 마음만은 한결같습니다.

어젯밤에 꿈을 꾸셨는지요? 그 꿈은 누가 꾸었습니까? 아무리 내 마음을 잘 알아주는 사람에게 꿈 이야기를 한들 그 사람은 꿈을 경험한 사람이 아닙니다. 오로지 모든 꿈은 스스로 꾸며 스스로 드러냅니다. 현실도 이와 같아서 어젯밤 꿈처럼 나 혼자 실감하고 경험하고 있습니다. 여러 사람이 혹은 가족이 같은 공간에서 같은 일을 겪으며 살고 있지만, 각자 보는 눈이 다르고, 경험하는 감각의 세계가 다르고, 그로 인해 생각과 감정이 갈립니다. 같은 공간, 같은 시간, 같은 물건을 만져도 각자가 느끼는 것이 다르고, 그것을 체화하여 형상화한 이미지는 각자의 추억과 지식과 감각의 예민함, 관심의 정도에 따라 다릅니다.

즉, 우리 모두는 드러나는 세계를 통해서는 서로가 소통할 수 없고, 완전한 교감을 이룰 수 없으며, 공명도 할 수 없습니다. 각자 자신만의 섬에 갇혀서 살고 있는 것입니다. 아무리 가깝고 잘 아는 사람이라도 사람과 사람 사이에는 테두리와 간격이 있습니다.

그러나 이 현실같은 꿈과 꿈같은 현실의 파노라마는 다르지만, 지금 이 순간 이렇게 드러나는 자리는 똑같은 것입니다. 그런데 여기서 나 자신조차 꾸어지는 꿈임을 놓쳐서는 안 됩니다. 나도 꿈에 등장하고, 나도 현실에 등장합니다. 나도 이렇게 꾸어지고 있는 꿈의 일부입니다.

지금 당장 이 순간 이렇게 꿈을 드러내는 여기, 이 근원이 바로 우리 스스로임을 깨닫는다면 우리 모두는 나뉠 수 없는 하나임을 확인할 것입니다.

29. 입체영화

진리를 수레(乘)에 비유합니다. 수레란 물건을 실어 나르는 기능을 하는 탈것입니다. 요즘 말로 하면 자동차, 기차, 비행기, 배와 같은 이동 수단을 의미합니다.

왜 진리를 온갖 것을 실어 나르는 수레에 비유했을까요?

우리는 우리가 경험하는 모든 것이 고정불변의 실체라는 무의식적 착각에 사로잡혀 있습니다. 자세히 보면 고정불변의 실체가 없는 것을 이해할 수 있는데도 습관적으로 나와 너를 구분하고, 특정 생각과 감정을 인정하고, 사물과 경험들이 있다고 믿어 버립니다. 이러한 것들은 고정불변의 실체가 아니고, 시간과 장소와 상황 따라 변한다는 것을 이해하면서도 생활 속에서 이 유동성을 실현하지 못하고 고정된 어떤 것으로 대합니다.

깨닫고 보면 그것이라고 할 것이 아무것도 없습니다. 나라는 것도 지금 이렇게 일어난 생각 속의 일입니다. 생각 밖의 나란 존재할 수 없습니다. 그런데 생각은 늘 한결같지 않습니다. 단지 무슨 이유로인지 이렇게 뜬금없이 일어나고 사라질 뿐입니다. 한 생각이 알 수 없는 곳에서 일어나면, 내가 생겨나고 온 세상이 생겨납니다. 이 생각이 모든 것을 창조합니다. 그런데 이 생각을 다시 살펴보면 실체가 없습니다. 그냥 이렇게 생각이 일어날 때 형체 없는 곳에서 묘한 작용으로 드러날 뿐입니다.

사물도 그냥 이렇게 드러날 뿐이고, 소리도 그냥 이렇게 드러날 뿐입니다. 지금 경험하는 모든 것이 알 수 없는 곳에서 그냥 일어날 뿐입니다. 그래서 모든 것이 의식의 산물이라는 말을 하는 것입니다. 우리가 경험하는 것은 마치 놀이공원에 있는 입체영화관에서 실감나게 드러나는 빛을 경험하는 것과 같습니다. 물론 '나'를 포함해서 말입니다. 우리는 3D가 아니라 고도의 6D 혹은 7D 영화를 경험한다고 볼 수 있습니다. 눈, 귀, 코, 혀, 몸, 의식이라는 여섯 가지 의식에 '나라는 고정관념'이 합쳐져서 이렇게 드러나고 있습니다.

놀이공원의 3D는 촉감이나 후각이나 의식의 합성, 그리고 '나라는 관념'이 없어서 물질감을 못 느끼고 냄새도 없고 촉감도 없지만, 그 네 가지가 추가된 것이 지금의 현실세계로 드러난 것입니다. 즉 감각의 조합과 의식 작용, 그리고 나라는 강력한 분별의식이 합성되어 나타난 것이 바로 현실입니다. 그러니 이 모든 것이 꿈과 같은 일이라는 것입니다.

어떻게 행동하라고 요구하지 않습니다. 따로 마음공부를 위해 습득할 지식도 없고, 해야 할 일도 없습니다. 그저 실상이 이렇다는 것을 가슴 깊이 철두철미하게 깨달으십시오. 모든 것들이 실체가 없지만, 이 실체 없는 하나의 일이 꿈결처럼 펼쳐지고 있습니다. 괴로워도 다른 일이 아니고, 행복해도 다른 일이 아닙니다. 삶과 죽음이 본래 존재하지 않습니다. 그저 늘 텅 빈 허공과 같은 의식의 빛이 꿈결 같은 것들을 실어 나르고 있습니다. 모든 일이 표현되지 않는 것의 표현일 뿐입니다.

사실 한 개의 모양 없는 수레만 이렇게 존재하는 것입니다. 거기에 실린 것들은 실체가 없습니다. 그러니 온갖 것이 경험되고 드러나지만 그러한 것이 있는 게 아니라, 이 온갖 모양의 본성만 여여합니다.

드러나는 사물사물, 경험경험, 이미지와 생각이 실체가 없지만 모든 그것들이 하나같이 평등한 일일 뿐입니다.

그러니 달리 할 일이 없으니 각자 자기의 인연으로 돌아가 온갖 역할을 할 것이지만 역시 아무 일 없는 것입니다.

30. 현상계 속에서 깨어나기

현상계가 꿈이라는 사실은 본성에 대한 체험이 없다면 공감하기 어렵습니다. 여러 가지 설명을 통해 그럴 수도 있다는 이해는 할 수는 있습니다. 하지만 꿈속에 있을 때 꿈을 실재라고 여기다가, 꿈에서 깨어났을 때 꿈이 실재가 아님을 아는 것처럼, 깨어남의 체험이 있어야 현상계가 꿈이라는 사실을 실감할 수 있습니다.

꿈에서 깨어나 현실로 돌아오는 것은 깨어날 때가 되면 자연스럽게 이루어집니다. 그러나 현상계의 꿈에서 깨어나는 것은 때가 되어 이루어지지 않습니다. 깨어남이란 현상계 속에 있으면서 현상계에서 깨어나는 일이라고 말할 수 있습니다.

깨어남의 체험은 각자가 깨어나려는 의도, 즉 발심이 있어야 합니다. 물론 실제 본성 밖에서 살아가고 있는 것이 아니기 때문에 발심이 되어 있지 않더라도 부지불식간에 깨어남의 체험을 할 수 있습니다. 그러나 이렇게 본성에 대한 체험이 일어난다고 하더라도 이게 무엇인지 모른다면 다시금 예전의 꿈의 상태로 되돌아가기 쉽습니다.

나중에 깨어남의 체험을 선명히 하고 나면 이전에도 이와 비슷한 경험이 있지 않았나 싶기도 합니다. 그러나 그때와 지금의 차이라면, 지금은 이게 무엇인지 알지만 그때는 몰라서 다시 일상의 분별의식으로 돌아가 버렸다는 것입니다.

스스로 존재하고, 스스로 드러내고, 늘 변하지 않는 실재를 어떻게 체험할 수 있을까요? 사실 이 현상계를 떠난 실재는 따로 없습니다. 걸어가고, 무언가를 보고, 경험하고, 생각하고, 느끼는 일을 벗어난 실재란 따로 없습니다. 늘 실재 속에 있으면서 실재를 찾고 있는 것입니다.

지금 여러분이 이 글을 읽고 있는 순간에도 실재는 항상한 것입니다. 그래서 늘 언제나 지금 이 순간이 기회라는 것입니다. 깨달음을 위해 특별한 행위를 할 필요가 없습니다. 모든 행위를 벗어난 곳에 실재가 따로 없기 때문입니다. 깨달음을 위해 특별한 생각을 할 필요가 없습니다. 모든 생각이 다 이 바탕에서 일어나기 때문입니다. 깨달음을 위해 고요한 장소, 평화로운 곳, 아니면 인적이 끊어진 곳에 가서 수행할 필요도 없습니다. 모든 곳이 다 이 깨달음의 성품을 통해 드러나기 때문입니다.

늘 이 속에 있으면서도, 변화되는 모양에만 마음이 가 있기 때문에 본성을 깨닫지 못하는 것입니다. '깨닫는다' 고 얘기하는 것에 힌트가 있습니다. 모양 있는 것, 알 수 있는 것들은 모두 변하는 것이어서 진실한 것이 아닙니다. 그러니 진실한 것은 모양으로 알 수 없으나 존재하는 것입니다. 그게 어떤 모양인지는 모르지만 언제 어디서나 이것이기에 깨닫는다고 표현하게 됩니다.

모양을 따라가 그것에 사로잡힌다면 결코 깨달을 수 없습니다. 이 말도 쉬운 말이 아닙니다. 이 말도 모양이기 때문입니다. 그래서 '모양에 사로잡히지 말아야 깨닫는다.' 는 말도 결국에는 마음에 담아 두어서는 안 됩니다. 모든 말, 모든 행위, 모든 것을 경험하는 가운데 그 모든 것에 마음을 두지 않을 때 이 모든 것의 바탕을 어렵지 않게 깨달을 수 있습니다.

모든 말을 내려놓아 보시기 바랍니다. 지금 온갖 말들이 나고 사라지고 있습니다. 온갖 소리가 나고 사라지고 있습니다. 그것에 마음을 두지 마시기 바랍니다. 아무것에도 마음을 두지 않을 때, 그냥 알 수 없는 데에서 온갖 것이 나고 사라지고 있습니다. 모양은 멈춰 있지 않고 끊임없이 생동하지만, 이 허공과 같은 성품은 한결같습니다.

이것입니다. 이것이 모든 것의 근본이자 모든 것 그 자체입니다.

31. 자유도 없고 자유로워진 사람도 없다

마음, 실상이라고 하는 것은 참으로 묘합니다. 마음을 깨닫기 전에는 이 모든 것들이 참으로 실재하는 것처럼 보입니다. 내가 있다는 이 사실감을 어떻게 부정할 수 있겠습니까? 두 눈을 깜빡거리며 말을 하고, 웃고, 생각이 쉼 없이 일어나고, 사람이나 여러 상황을 만나면 여러 감상이 살아 움직이는 이 개체적인 존재감을 어떻게 부정할 수 있겠습니까? 내가 이렇게 멀쩡히 살아 있다면 다른 사람도 살아 있는 것이고, 동물들은 물론이거니와 움직이지 않는 것들도 존재합니다.

그러나 가만히 보면 허점들이 많이 보입니다. 내가 나를 생각하거나 의식하지 않을 때, 나는 내가 존재한다는 것을 모릅니다. 우리가 어떤 일에 몰두하거나 경이로운 현상을 경험할 때, 나는 없고 오로지 어떤 생동감만 느낀다고 할까요? 이때는 나도 없고 대상도 없고 시간도 없습니다. 그런데 그때조차 내가 있었다고 여기는 것은 그것을 회상할 때입니다. 즉 이 몰입의 시간이 끝나고 나서, 사라진 상황을 기억하고, 이전과 변화된 상황을 토대로 그때 내가 있었다고 유추하여 스스로의 존재를 어렴풋하게 인정해 버리고 당연시합니다.

그런데 이것을 자세히 살펴보면 내가 나를 의식하지 않을 때에도 내가 있다고는 엄밀히 말할 수 없습니다. 나의 존재가 그렇다면 내가 다른 것들의 존재를 생각하지 않을 때 역시 그러한 것들이 있지 않다고 할 수 있습니다.

우주에 대한 지식과 정보가 없는 사람에게는 우주는 없는 것입니다. 지동설이 주창되기 이전 사람들은 결코 지구가 돈다는 사실을 인정하지 않았습니다. 그들은 태어나 죽을 때까지 태양이 돌고 있다고 철석같이 믿었습니다. 뿐만 아니라 우리가 누군가를 알기 전에는 그는 이 세상에 존재하지 않습니다. 영영 모른다면 그는 존재하지 않는 것입니다.

이러한 것을 볼 때 우리가 어떤 것에 대한 존재를 인정한다는 것은 그것이 내 인식망 안에 들어오고 나서의 일입니다. 또 그것의 존재를 이전에 알고 있었다고 하더라도 내가 그를 생각하지 않는다면 그가 존재한다는 증거는 없습니다. 우리가 알고 있는 세계에는 엄청난 허점이 있습니다. 이것을 돌아볼 줄 모른다면, 온갖 드러나는 모든 것이 존재한다고 진실로 믿고 의지하고 착각하다가 생을 마감하는 것입니다.

조금 더 차분하게, 조금만 더 엄밀하게 세상을 바라본다면 기존의 관념이 여지없이 힘을 잃어버릴 것입니다. 우리는 어떤 일이 어떤 원인으로 일어나고 사라지는지를 알기 이전에 그 일이 일어나기나 했는지부터 살펴보아야 합니다. 즉, 그 일이라는 것이 객관적으로 실재하는 일인지부터 규명해야 그것의 생사와 인과를 얘기할 수 있을 것입니다.

세계는 나의 인식을 통해서만 드러난다는 사실을 이해할 수 있습니다. 저 밖의 것을 규명하기 이전에 이 모든 것이 다 나의 인식을 통해 드러나니, 내가 과연 객관적으로 존재하는지부터 면밀히 보아야 할 것입니다. 그런데 내가 나를 인식할 때는 있는 것 같고, 인식하지 못할 때는 있다고 할 수 없으니, 내가 알고 있는 나는 도대체 무엇인가요?

나는 누구인가?
내가 알고 있는 나는 진짜 나인가?

이 의문을 가지고 거듭 들여다보게 되면, 이 나라는 것도 생각이 발동할 때 나타났다가 사라지는 것임을 보게 됩니다. 그러니 '내가 알고 있는 나'란 바로 생각, 곧 인식작용의 결과입니다. 그러면 이 인식작용이 언제 어디에서 일어나고 있을까요?

한 생각이 이렇게 일어납니다. 한 생각이 언제나 지금 이렇게 일어나는 것임을 경험할 수 있습니다. 모든 생각의 출처와 낙처는 바로 지금 이 순간입니다. 과거 지구의 시작도 언제나 지금 이 순간에 그려지고, 미래 인류의 멸망도 바로 이 순간에만 그려집니다.

생각은 그냥 일어납니다. 생각 생각이 아무것도 보이지도 잡히지도 않는 데서 홀연히 일어나는 것을 경험하게 됩니다. 알 수 없는 곳에서 홀연히 온갖 생각이 일어납니다.

소리도 그렇습니다. 가만히 눈을 감고 모든 생각을 내려놓고 보면, 텅 빈 데서 홀연히 소리가 일어났다가 사라집니다. 잡으려고 해도 잡히지 않습니다. 그러나 잡히지 않는 소리는 쉼 없이 생동합니다.

사물도 고정되어 있는 것이 아닙니다. 멈춰 있는 것처럼 보일 뿐입니다. 마치 텔레비전이 벽에 걸린 그림을 계속 보여 줄 때 그림에 빠지면 움직이지 않는 사물처럼 보이지만 쉼 없이 빛의 투사가 이루어지고 있는 것이듯이, 우리가 보는 고정된 사물도 사실은 살아 있는 것입니다. 생생한 어떤 것으로 인해 움직이는 것처럼, 혹은 움직이지 않는 것처럼, 혹은 심장이 펄떡펄떡 뛰는 것처럼, 혹은 시체처럼 보일 뿐입니다.

깨닫고 보면 모든 것이 이렇듯 알 수 없는 마음바탕에서 투사된 일일 뿐인데, 여기서 드러난 움직이는 것, 그렇지 않은 것 등등을 기준으로 살아 있다, 죽었다, 존재한다, 그렇지 않다 여겼습니다. 살아 있다는 것도 본래 실체가 없는 것이고, 죽었다는 것도 사실은 죽은 적이 없는 일입니다. 존재한다는 그림이었고, 존재하지 않는다는 그림이었습니다.

이것을 철저히 깨닫는다면, 신도 그림이고, 세상도 이미 투사된 그림입니다. 모든 것이 지금 이렇게 쉼 없이 인연 따라 투사하는 이 알 수 없는 것만이 실재임을 깨닫게 됩니다. 그러니 삶과 죽음도 본래 없는 것이고, 나라는 것도 실재가 아니라는 사실을 받아들이게 됩니다. 결국은 꿈을 깨려고 발버둥치는 사람도 없고, 깨달음이란 것도 꿈에서 깨어나는 꿈임을 깨닫게 됩니다.

지금 이렇게 아무런 장애 없이 온갖 생각과 사물과 소리가 드러납니다. 하지만 그 어느 것도 그런 일이 없습니다. 그러니 드러난 온갖 모습에 사로잡힐 이유가 없습니다. 바로 지금 쓰고 있는 이 마음 하나뿐입니다.

32. 스승

이 공부에서 스승의 존재는 참으로 중요합니다. 우리는 시작을 알 수 없는 때부터 분별하며 살아왔습니다. 드러나는 것이 실재한다는 무의식적 관념에 평생 지배받았기 때문에, 깨닫지 못하면 분별하지 않는 상태가 무엇인지 모릅니다. 그러니 먼저 이 굴레에서 벗어난 스승의 존재가 필요합니다.

물론 여러 경전이나 어록 등 가르침의 글들이 스승이 될 수도 있지만, 사람의 분별이란 순식간에 일어나고, 변화무쌍하며, 고질적이며, 교묘하고 끈질깁니다. 자칫 자기 생각대로 가르침의 글들을 읽어서 깨달음이라는 이름으로 스스로를 더 구속할 수도 있습니다. 그러니 안목 있는 스승의 적절하고 구체적이며 꾸준한 안내를 받을 필요가 있습니다.

적극적으로 스승을 찾아 나서기 바랍니다. 가능하면 직접 만나 함께 호흡하면서 실질적인 안내를 받는 것이 가장 빠른 길이고 헤매지 않는 방법입니다. 스승의 안내 없이 홀로 스스로의 참모습을 확인하는 경험을 했다고 하더라도 분별의 굴레에서 훌쩍 자유로워지기는 쉽지 않습니다. 그러니 자신의 생각과 관념을 믿지 마시고 앞서간 선지식의 안목과 힘을 빌려 나아가기 바랍니다.

물론 참된 스승은 밖에 있지 않습니다. 그러나 이 사실을 깨닫지 못한 사람에게는 밖에 임시적으로 드러난 스승의 존재는 중요합니다. 이 스승은 늘 자신의 참 모습을 돌아보게 하여, 분별하여 찾는 마음을 끝내도록 이끌 것입니다. 만약 스승인 자기만이 참된 스승이라고 주장하는 사람이라면 참 스승이 아닙니다. 스승을 바르게 볼 줄도 알아야 합니다. 오로지 누구나 평등하게 갖추고 있는 참된 본성 하나밖에 없기에 이것 하나로 이끄는 스승이어야 합니다.

참된 스승이란 제자를 추종자로 만들지 않습니다. 어느 누구에게 추종받으려 하지 않고 추종자로 만들지도 않습니다. 우리는 누구나 평등하며 본래 완전한 존재 자체이기 때문입니다. 그러니 실재는 어떠한 분리도 없고, 스승과 제자 사이라는 간격도 없으며, 추종하고 추종 받는 관계도 실상은 존재하지 않습니다.

본래 이 하나의 진실뿐이기 때문입니다. 이것을 깨닫고 보면 진정한 스승은 언제나 스스로를 떠나 있지 않았음을 보게 됩니다. 함께 일어나고, 함께 밥을 먹고, 함께 걸어가고, 함께 생각합니다. '함께'

라는 말도 적절하지 않습니다. 늘 하나였습니다. 무슨 생각을 하든, 무슨 말을 하든, 무엇을 하든 어떤 인연이 펼쳐지든 그것 그대로 분리 없는 하나입니다.

33. 초능력

근본을 깨닫지 못하고는 진정한 평화와 안심을 맛볼 수 없습니다. 아무리 뛰어난 능력을 갖추고 있더라도 그 능력의 정체를 모르고, 아무리 훌륭한 업적을 이루었다고 하더라도 업적 그 자체가 항상한 게 아니라면 과연 그게 뛰어난 능력이고 훌륭한 일이라 할 수 있을까요? 아무리 초월적인 능력, 비일상적인 모습이 펼쳐지더라도 그게 정말 그런지는 속단할 수 없습니다. 그것은 마치 포장지만 보고 그 안에 든 물건을 예단하는 일과 같습니다.

깨달음이란 근본을 깨닫는 것입니다. 그게 초능력의 근본이 될 수도 있고, 업적의 근본이 될 수도 있고, 온갖 명예와 그 명예를 갖춘 사람의 근본이기도 합니다. 뿐만 아니라 일상적으로 숨 쉬는 공기의 근본이기도 하고, 계절 따라 변하는 자연의 근본이기도 합니다. 먼지 티끌의 근본이고, 생각하는 일의 근본이며, 느끼고 보고 알고 맛보는 일의 근본입니다. 드러나는 모든 것의 근본이니 내적, 외적 세계 전체의 근본입니다. 초능력이란 전체가 아니라 전체 속에 드러난 아주 작고 초라한 하나의 능력입니다. 초능력이 우주 밖에서 진행되는 게 아닙니다. 온 우주의 근본은 과연 무엇일까요?

이 모든 것이 바로 지금 나 자신을 떠난 일이 아닙니다. 이 육체를 말하는 것이 아닙니다. 이 육체도 우주의 먼지 티끌과 다르지 않은 존재입니다. 이 모든 것, 우리가 알고 이해하고 생각하고 느끼고 보고 들을 수 있는 행위와 행위의 결과물까지 포함해 이 모든 것이 어디에서 비롯될까요? 언제나 이것이 드러나는 곳에 근본이 있습니다. 이것이 드러날 때 이것의 존재를 실감할 수 있습니다. 이 모든 것이 어디에서 드러나고 있습니까? 바로 지금 이렇게 드러납니다.

한 생각에서 확인되고, 사물을 볼 때 확인되고, 우주를 그릴 때 확인되며, 자신이 누구인지 물을 때 곧바로 이것이 실감됩니다. 우리가 늘 직접 체험하고 있는 이 성품이 바로 모든 것으로 드러나고 있습니다. 우리는 언제나 이 일 속에 있으면서 밖으로 찾고 있습니다. 곧바로 이 일을 확인할 것이지, 달리 마음을 움직이지 마십시오. 곧바로 이 마음입니다.

34. 환생? 그 이전의 이것

전생, 환생에 대해 궁금해하는 경우를 보게 됩니다. 내가 태어나기 전 무엇이었으며, 어떤 모습으로 살았을까? 내가 죽고 나서는 무엇으로 다시 태어날까?

아니면, 이 육체가 죽으면 나는 끝나는 것인데 그것을 생각해서 무엇하며, 과거와 미래의 나의 운명에 대해 예견한다는 것은 불가능하다고 여길 것입니다. 이러한 생각의 근거는 그때 그가 바로 나임을 증명해 줄 사람도 없고, 과학기술도 거기까지 미치지 못하기 때문이라고 여깁니다.

이런 생각을 가져 보지 않은 사람은 많지 않을 것입니다. 그러나 이 두 가지 생각 모두 심각한 오류를 돌아보지 못한 결과입니다. 가장 기본적인 전제가 잘못되었음을 보지 않은 것입니다. 이러한 생각의 시작은 바로 이 육체가 '나' 라는 무의식적인 동일시에서 출발합니다. 이 기본 전제가 없으면 이러한 생각이 일어날 수 없습니다. 그런데 이 육체가 '나' 라는 맹목적인 믿음은 과연 타당한 것인가요?

우리는 무의식적으로 이 육체가 '나' 라는 견고한 믿음을 가지고 있습니다. 아마 인류 역사 이래 가장 뿌리 깊은 종교는 이 육체가 '나' 라는 믿음일 것입니다. 우리는 어떻게 이 육체를 '나' 라고 믿게 되었을까요? 살아오면서 그렇게 교육받아 왔기 때문입니다. 모두가 똑같은 처지에서 그렇게 교육받아 왔으니, 그것을 돌아볼 생각을 하지 않고 다음 세대에 그대로 전승합니다.

그런데 이 기본 전제를 돌아보면, 이 육체가 '나' 이기 이전에 이 육체를 '나' 라고 알아야 하는 인식이 먼저입니다. 육체가 육체임을 아는 일, 컵이 컵임을 아는 일, 손가락이 손가락임을 아는 일, …… 즉 무엇이 있다 한다면 그것임을 드러내는 인식작용이 일어나야 한다는 것입니다.

어떤 것을 드러내는 이것은 무엇일까요? 그게 무엇인지 알고 싶습니다. 그러나 이것에 대한 앎은 실패할 수밖에 없습니다. 알려 하면 이미 인식되어진 것이기 때문입니다. '무엇이다' 하면 이미 이 작용이 이루어진 것이자 현재 작용하고 있는 것입니다. 아니, 늘 현재 진행형으로 작용하고 있는 것입니다. 어떠한 생각이나 감정, 말, 의도가 드러나면 벌써 이것입니다. 그래서 알 수는 없지만 체험할 수는 있습니다. 무언가 드러났다 하면 바로 이 체험입니다. 무언가 알려 해도 바로 이 체험이고, 모른다 해도 바로 이 체험입니다. 어떤 기미만 보여도 바로 이것입니다. 그래서 알 수는 없지만 언제 어디서나 체험하고 있습니다.

그러니 여러 어려운 말을 통해 이것을 깨달을 필요는 없습니다.
'나는 누구인가?' 도 사실 너무 어려운 질문입니다.

(책상을 두드리며) 똑똑똑! 이것은 뭡니까?
(숨을 쉬며) 이것은 무엇입니까?

(손가락을 꼼지락거리며) 이건 뭐란 말입니까?

당장 눈앞에서 통할 뿐이지, 달리 헤아려 점점 더 멀리 갈 필요가 없습니다. 모든 것이 이 바탕 위에서 그림자처럼 일어나는 일이고 모든 것이 바로 이 일을 직접 가리키고 있습니다. '나' 가 이것이고, '환생' 이 이것이고, '삶과 죽음' 이 삶과 죽음이 아니라 바로 이것입니다.

35. 진정한 삼매

깨달음은 세상 모든 것이 있는 그대로 둘이 아니라는 각성입니다. 내적, 외적 현상계의 모든 것이 하나의 마음일 뿐임을 체득하는 일입니다. 이러한 깨달음이 있고 나면 깨달음이니 마음이니 법이니 하는 말이 따로 쓰일 수 없음을 경험하게 됩니다. 왜 그런가 하면 그동안 추구해 왔던 '깨달음', '마음', '법'이라는 것이 그 어느 것도 아니면서 모든 것이라는 자각 때문입니다.

우리가 일상생활에서 써 오던 사과, 사람, 나무, 꽃과 같은 말은 그대로 사용될 수 있습니다. 깨닫고 나서도 현상계는 현상계의 순리에 따라 계속 진행되어 사과나무에 꽃이 피고 사과가 열리고, 이 사과를 사람이 먹습니다. 그래서 필요에 따라 이런 말들이 사용됩니다. 하지만 법이라고 할 것 같으면 사과나무나, 사과나무에 꽃이 필 때나, 사과가 익어 사람이 먹을 때나 하등 차이 없이 평등합니다. 그러니 따로 이름 붙일 법이 없습니다.

깨닫고 나면, 법이라는 것이 없지만 모든 것이 법임을 깨달을 뿐입니다. 현상계 속에서 예전과 다름없이 살아가지만, 예전과 다른 점은 있는 그대로 법이라는 것입니다. 모든 일이 다른 일이 아니라면 그런 저런 일이 없습니다. 모든 일이 그 모양, 그 형질, 그 움직임 그대로 동일한 것입니다.

이것이 진정한 해탈입니다. 이것이 세상 모든 것이 하나인 실상이며, 이것이 무상삼매(無相三昧)라고 하는 것입니다. 이것만이 참된 삼매이지, 나머지 얘기되는 삼매들은 그림자와 같은 것들입니다. 그래서 무상삼매는 무상삼매도 아닌 바로 지금 이 순간 무,상,삼,매입니다.

36. 삶과 죽음

사람들은 삶과 죽음에 대하여 이야기합니다. 그런 일이 일어나지 않는 것은 아닙니다. 이 육체가 나고 사라지는 현상이 보이지 않는 것은 아닙니다.

'이 몸이 태어났는데 죽으면 어디로 가지?'

이런 생각이 들더라도 실상은 삶과 죽음이 따로 있는 게 아니라, 마음에 일어난 그림자와 같은 것입니다. 육체의 죽음이 다가온다는 것을 압니다. 병이 들면 아픕니다. 죽을까 봐 염려스럽습니다. 그렇더라도 그런 일이 실재하는 것이 아니라, 모두가 다 자기 생각을 통해 드러나는 것입니다. 삶과 죽음은 생각의 산물이어서 실재한다고 할 수 없습니다. 고통은 생각을 통해 일어납니다. 그러나 생각은 마음이 만들어 낸 그림자와 같은 일입니다. 그러므로 삶과 죽음이 실재하는 것이 아니라 그림자와 같은 일이 벌어지고 있습니다.

많은 사람들이 두려움 없이 죽고 싶어서 이 공부길에 들어섰습니다. 그런데 두려움은 생각이 만들어 냅니다. 육체의 사멸이 두려움을 불러오는 것은 '나라는 존재'가 사라질 것이라는 생각 때문입니다. 두려움은 육체와 상관없이 '생각'에 사로잡히면서 일어나는 것일 뿐입니다. 육체가 사라진다는 것은 '육체를 자신으로 아는 생각'에게는 아주 중요한 일입니다. 이 생각이 사멸될까 봐 두려워할 뿐입니다.

보통 사람들은 자신이 왜곡된 생각에 빠져 있다는 사실을 모릅니다. 그냥 그런 일들이 일어나고 있다고 강력하게 믿고 있습니다. 그러나 그런 일이 일어나는 것이 아니라, 그런 생각이 일어나고 있을 뿐입니다. 이 생각을 실재라고 오인하면서 온갖 고통을 받습니다.

현상의 변화는 존재에 아무런 영향을 미치지 못합니다. 그러나 현상에 강력히 집착된 생각에 사로잡혀 있다면, 현상의 변화는 우리 마음에 엄청난 물결을 불러일으킵니다. 만약 이런 상황이라면 '나비효과'라는 현상 법칙의 용어가 의미하듯이, 바다 건너 먼 나라의 나비가 날갯짓 하는 것까지 신경 써야 하는 상태에 빠집니다. 그곳에서 무슨 일이 일어나는지 모르면서 혹시 무슨 일이 일어나면 어떡하나, 걱정하는 상태에 빠집니다. 마음이 불안정한 상태를 늘 벗어나지 못합니다. 현상 하나하나에 촉각을 곤두세워야 합니다. 끊임없이 미세한 움직임에 주목해야 하고, 대안을 마련해야 하고, 올바른 길을 모색해야 합니다.

생사가 모두 생각이고 죽음에 대한 두려움이 이 생각의 산물일 뿐이라는 말을 들으면, 너무도 쉽게 생사를 얘기한다고 말할 것입니다.

'너도 죽음에 임박해 봐라. 그런 마음이 드나.'

물론 죽음이 전혀 두렵지 않다는 말은 아닙니다. 다만, 차이가 있습니다. 두렵다는 감정의 습관이 남아 있더라도 이게 실제가 아니라는 것을 깨달았을 때는 두려움도 아니고 저항감도 아닙니다.

우리는 일상생활에서 얼마나 자주 생사를 떠올립니까? 사건, 사고를 매일 보고 듣고, 병자들을 자주 봅니다. 자신의 얼굴과 몸에서 육체의 노화를 늘 경험합니다. 그러니 내가 사라진다는 것과 그림자 같은 것이 사라진다는 것은 육체에 대한 집착심에 커다란 차이를 가져옵니다.

'모든 게 따로 있다는 마음'이 죽어야 크게 살아납니다. 본래 따로 있지 않습니다. 실제로 그런저런 것이 따로 없습니다. 모두 환영과 같은 일입니다. 태어남도 없고, 늙음도 없고, 병도 없고, 죽음도 없고, 없다는 것도 없습니다. 모두가 관념입니다. 말로는 참으로 이해하기 어렵습니다. 그러나 스스로가 본성을 깨닫고 보면 조금씩 수긍하기 시작합니다. 저절로 변화가 찾아옵니다. 이게 우리의 본성이니까 남에게 물어보지 않아도, 어느 경전에 의지하지 않아도 스스로가 분명해집니다.

육체를 나로 알고 산다는 것이 바로 감옥 생활입니다. 육체의 감옥에 갇히면 육체의 상태에 마음이 사로잡힐 수밖에 없습니다. 그러나 육체는 마음의 투영이라는 각성이 찾아오면, 이 육체가 나라는 것도 허망한 생각임이 밝혀지면서, 육체의 변화에 마음이 크게 흔들리지 않을 것입니다. 육체가 고장 나면 자동차를 수리하듯 고쳐서 잘 쓰기는 할 것입니다. 그러나 자동차가 내가 아니듯이 육체도 그와 같다고 여깁니다.

이 육체를 포함해 우주의 온갖 일이 바로 하나뿐인 본성입니다. 스스로 깨달아 봐야 공감할 수 있습니다. 그러고 나면 모든 인연이 참되며, 모든 인연에 흔적이 없습니다. 텅텅 비었지만 무수한 인연들이 일어나고, 무수한 인연들이 일어나지만 하나도 다른 게 없습니다. 하나도 이것이다 할 게 없지만, 어떠한 것도 싹 쓸어버려 '없는 것' 으로 만들지도 않습니다.

4장

당장 이 일

1. 속지 마십시오

지금 이렇게 생각이 떠오릅니다.
지금 이렇게 잔잔한 소리, 날카로운 소리,
듣고 싶은 소리가 일어나고 있습니다.
사물이 보이고, 색깔이 차별되며, 감촉이 느껴지고 있습니다.
온갖 말과 행위와 형상이 이렇게 드러나고 있습니다.
한 생각에 빠져들어 마음의 애씀도 덩달아 일어납니다.
이 모든 생각과 행위와 수고로움이
바로 지금 이렇게 일어나고 있습니다.

모든 것을 따라가면 온갖 것이 헤아릴 수 없이 다양한
위치, 공간, 시간, 노력, 성취로 퍼져 나가지만,
이 모든 것이 바로 지금 이렇게 눈앞에서 드러나고 있음은
부정할 수 없습니다.

헛것을 상대하지 마십시오.
이미 일어나 변화의 물결에 흘러든 허망한 것들을 상대하여
씨름할 이유가 없습니다.
변할 수밖에 없는 것들을 수고롭게 찾고 구하거나
단련해 나갈 이유가 없습니다.

온갖 상념이 일어나더라도 내려놓고
이것들이 어디에서 비롯되는지 보십시오.
진짜, 늘 항상한 것, 늘 존재하는 것, 늘 떠나지 않는 일.

바로 지금 직접 만나고 있습니다.
바로 지금 어떠한 매개물도 없이 직접 체험하고 있습니다.
이것이 모든 것을 드러내고 있습니다.

모든 그림자들이 이 밝음으로 인해 묘한 변화를 펼치고 있습니다.
이 밝고 밝은 하나.

그림자에 사로잡히지 않으면 모든 것이 참이지만,
그림자에 취한다면 죽은 것들에 눈이 멀 것입니다.

속지 마십시오. 세상의 온갖 것에 속지 마십시오.
자신의 한 생각에 놀라지도 걸려 넘어지지도 마십시오.
언제나 밝고 밝을 뿐입니다.

2. 현상과 본질은 하나

우리가 쉽게 범하는 오류는
현상과 본질을 따로 구분지어 놓고,
근원인 본질로서 드러나는 현상을 조작하려는 시도입니다.

본질은 모든 현상의 토대이지만,
현상의 법칙을 간섭할 수 없습니다.
인연 따라 드러나는 모든 현상이 그 자체로 본질이지,
본질이라는 것이 따로 있어서,
현상이 나고 사라지는 행로에 끼어들어
영향력을 행사하지 않습니다.

만약 우리가 이것을 도구로 쓰려 한다면,
이것은 진정한 본질이 아닙니다.
본질이라는 이름의 현상입니다.

우리 자신을 비롯해 우리의 모든 의도와 행위, 그리고
드러나는 모든 것이 본질의 투영일 뿐입니다.

깨달음이란
변화하며 드러나는 현상이 각자의 독자성이 있는 게 아니라
모든 것 그대로 동일함을 자각하는 일입니다.
현상이 곧 본질이고,
본질이 현상 그대로임을 깨닫습니다.
이것이 실제 우리가 서 있는 세계의 참모습입니다.

모든 분리된 것들이 그 모습 그대로 분리되지 않는 하나의 일.

밝아지십시오.
모든 것을 돌아보지 않고 오직 이 한 개의 일에 눈뜨십시오.
법은 지금 이 순간 이렇게 두루합니다.
지금 당장 이것으로 인해 모든 일이 활발하게 펼쳐지고 있습니다.

탕!

3. 아무 일이 없습니다

컵이 눈앞에 있습니다.
손가락이 보입니다.
모니터에 글자들이 찍힙니다.

이 순간, 컵과 손가락, 모니터의 글자를 따라가지도 않고
다른 생각 속으로 들어가지도 않을 때는 어떻습니까?
이 글을 보면서도 의미 속으로, 이미지 속으로
들어가지 않는다면 어떻습니까?

가득 들어오지만, 아무것도 없습니다.
있지만, 아무런 질량감이나 존재감을 느끼지 못합니다.
그러나 죽어 있지도 않습니다.
인연 따라 움직이지만 느낄 수 없는 바람의 움직임 같습니다.
계속 변화하지만, 아무것도 없습니다.

우리 삶의 무게는 스스로 부여한 생각과 감정의 무게일 뿐입니다.
그것에 사로잡혔을 때는 엄청난 무게를 느끼지만,
빠져들지도 회피하지도 않는다면 그것 그대로 아무것도 없습니다.
본래 없는 일입니다.
이리저리 드러나지만 무늬만 그러할 뿐입니다.
그냥 보고 그냥 느끼고 그냥 생각할 뿐입니다.
모든 것이 약동하지만 어느 것도 실재하지 않습니다.

모든 것이 이 하나의 알 수 없는 작용이지만,
그게 무엇인지는 알 수 없습니다.

눈앞의 모든 것을 대함에
모든 감정과 생각을 밀쳐놓고 보십시오.
모든 것이 그대로 있지만,
아무것도 따로 있는 것이 없습니다.
모든 것이 그대로 텅텅 비었습니다.

만약 지금 이 말에도 그렇게 하려 한다면,
이미 따라간 것입니다.
그렇게 하지 않으려 해도 따라간 것입니다.

이렇듯 오도 가도 못할 때 그냥 본다면……
묘하게 온갖 일이 일어나지만, 아무 일이 없습니다.

4. 예외를 두지 마세요

놓아 버리려면 모든 것을 놓아 버리세요.
받아들이려면 예외를 두지 말고 받아들이세요.
보려면 모든 것을 똑같이 보고,
보지 않으려면 아무것도 보지 마세요.

우리의 분별심은 분리와 차별을 기본으로 합니다.
못나고 보잘것없고 어수룩하고 어두운 것은 따돌리려 하고,
그렇지 않은 것들끼리는 끌어 모아 잡으려고 합니다.

번뇌의 근본은 분리와 차별입니다.
악마를 따로 두고, 천사를 따로 둡니다.
어둠을 따로 두고, 밝음을 따로 둡니다.

그러나 악마와 천사는 모두가 하나입니다.

악마와 천사, 불도(佛道)와 마도(魔道)가
모두 이 마음의 표현입니다.

그러니 따로 두어 마도를 좇아 버리고 불도를 취하거나,
마도를 취하고 불도를 좇아 버리는 게임을 그만두시고,
그 둘이 본래 모양 없는 하나의 성품임을 깨달아
상관하지 않을 일입니다.

모두가 차별이 없다면 아무것도 아니게 되지만,
조그마한 예외라도 둔다면,
천 갈래 만 갈래 벌어져 갈등과 혼란이 끊이지 않을 것입니다.

5. 홀로 걷는다

아이와 함께 산책길을 걷고 있습니다.
홀로 가고 있습니다.

새소리가 가까이에서 들립니다.
새와 나 사이에 아무런 거리가 없습니다.

도로변으로 차들이 쌩쌩 지나갑니다.
아무런 소리도 들리지 않습니다.

하늘은 뭉게구름이 훑고 지나가고
바람은 제법 가을 냄새를 풍깁니다.
그것 그대로 아무런 변화가 없습니다.

모든 것이 다 변합니다.

그러나 변한 게 아무것도 없습니다.
모든 것이 정처 없이 떠돌다가 사그라집니다.
그러나 이 가운데
생겨나지도 사라지지도 않은 일이 역력할 뿐입니다.

모양을 보되 모양에 빠지지 마십시오.
흐름을 보되 흘러가지 마십시오.
소리를 듣되 소리에 파묻히지 마십시오.
함께 걷되 그의 존재가 꿈임을 보십시오.

이 모든 것이 스스로에게서 드러나는 일들입니다.
모든 것이 나를 떠난 일이 아니고,
나조차 언제나 나를 떠나지 않으니
온갖 흐름과 변이와 생동하는 가운데 오로지 홀로 걷고 있습니다.

진정 홀로 걸을 수 있는 자라면
온 우주가 함께 걷고 있음을 실감할 것입니다.

6. 오직 당신일 뿐

누가 발심하여 깨달음을 얻는가?
오직 당신일 뿐입니다.

누가 깨달음을 얻어 근심 없이 사는가?
오직 당신뿐입니다.

태어나기 이전부터 홀로였으며 지금껏 홀로입니다.
스스로가 스스로를 확인하려 타인을 만들고,
저 하늘을 만들고, 어리석음과 지혜를 만들었습니다.

누가 스스로 어리석다고 말하고 있나요?
누가 자기 자신을 밝혀야겠다고 말하고 있나요?
누가 아프다고 말하고 있나요?
누가 행복하다고 말하고 있나요?

누가 누군가를 부르고, 그 소리를 듣고 있나요?
누가 자기임을 아나요?

자기일 뿐입니다.
오직 자기만의 유희가 펼쳐지고 있습니다.
관객도 없고, 무대도 없고, 주연도 없고, 조연도 없고,
음향도 없고, 조명도 없습니다.

이 모든 것이 자기의 빛깔이기 때문입니다.

'누가 깨달으려는 마음을 내는가?'
'누가 근심 없는 자인가?'

이 물음 자체일 뿐.

7. 생생한 춤

지금 이렇게 당장 밝아 있습니다.
숨을 쉬는 것이 이것이고,
생각을 하는 것이 이 바탕 위에서 이루어지고 있습니다.
형형하게 살아 있는 성품으로 인해 모든 것이 드러나고 있습니다.

매 순간 어떤 행위를 하더라도
바로 이 깨어 있는 성품 위에서 이루어집니다.
단 한 순간도 이것을 벗어날 수 없습니다.
모양이 없기에 허물어질 수 없고, 늘 살아서 생동하기에
온갖 사물과 현상이 다양하게 변화하는 것입니다.
텅 비었지만 죽은 게 아니고,
죽은 게 아니지만 어떤 물건이 아닙니다.

모든 헤아림을 쉬고 보십시오.

온갖 생각이 일어나더라도 내버려두십시오.
그러할 때 온갖 소리와 사물이 이 바탕 위에서 춤을 춥니다.

이것을 확연히 밝히고 보면
온갖 사물이 있는 그대로 비었고,
온 세상이 있는 그대로 그것이 아님을 볼 것입니다.

당장 모든 것을 내려놓아야 합니다.
어떠한 바람과 추구도 없어야 합니다.
온갖 마음의 추구와 사로잡힘이 멈추어졌을 때 모든 것이
이 알 수 없는 하나로 생생하게 춤을 추고 있음을 볼 것입니다.

8. 이대로 늘 선정

선정에 드니, 다시 나옴이 따르기에 둘이 됩니다.
마음을 모으니, 모으지 않은 때와 달라 둘이 됩니다.
마음을 가지고 마음을 찾으려는 것은
언제나 분리를 전제로 합니다.

분리가 있다면 불법이 아닙니다.
이전과 이후가 다르면 두루하지 않습니다.

용모를 단정히 하기 전이나,
앉을 때나 선정에 들고 또다시 나올 때나 한결같은 것입니다.

만약 이 하나가 분명하다면
용모를 단정히 하여 선정에 들어도 그러한 바가 없고,
나와도 나온 바가 없음을 볼 것입니다.

하루 24시간, 365일, 다른 일이 없는 것입니다.
드러나는 모양, 변화하는 움직임 안에서 자신을 확인하려 든다면
영원히 멀어질 것입니다.

이 모든 일이 어디에서 드러나고 사라지고 있나요?
해가 뜨고 바람이 불고 꽃이 피는 것이 어디의 일인가요?

언제나 이 마음에서 드러납니다.
그러니 언제나 변함없는 진실이 펼쳐져 있을 뿐입니다.
삶과 죽음이 여기의 일이고, 오고 감이 이 일이며,
밝음과 어둠이 하나입니다.

지금 이 한 생각에 밝을 수 있다면 온 우주가 밝을 것이고,
지금 이 한 생각에 어둡다면 온갖 것들이 분리되어
충돌과 갈등 속에 어둡고 어두울 것입니다.

시시각각 깨어서 만물을 생동시키는 이것을 보십시오.
이것이 고요이고, 이것이 깨어 있음이며,
이것이 열반이고, 이것이 진정한 선정입니다.
이미 이러하기에 이대로 늘 선정입니다.

9. 계절 잊은 봄

끝이 있어도 법성이요, 끝이 없어도 법성이기에
끝이 없는 것입니다.
끝과 끝 아님, 고요함과 시끄러움이 모두 법성의 바다이기에
헤아릴 수 없이 넓고, 알 수 없을 만큼 고요합니다.

무슨 일이든 모든 내적, 외적 현상이 다른 일이 아닙니다.
그러니 모든 일이 고요하고,
모든 경계선 가운데 경계선이 없습니다.

어떠한 일이 일어나도 일어난 바가 없고,
어떠한 일이 사라져도 사라진 바가 없습니다.
언제나 그대로이고, 언제나 진실입니다.

겨울은 가고 봄은 오지만, 언제나 계절 잊은 봄일 뿐입니다.

10. 탈바꿈하는 길이 아니다

어리석음에서 지혜로움으로 나아가는 길이 아닙니다.
무명에서 광명으로 탈바꿈하는 길이 아닙니다.
산란함에서 아무 일 없음으로 나아갈 길이 끊어졌고,
번뇌를 떠난 보리는 있지 않습니다.

어리석은 때나 지혜로운 때나 한결같음을 깨닫습니다.
어리석음은 지혜로움의 다른 표현이며,
무명은 광명으로 인해 무명이기 때문입니다.

나아가는 길이 아니며,
옮아가는 길이 아니며,
개선되는 길이 아니며
가벼워지는 길이 아닙니다.

본래 길이 없고,
본래 일이 없으며,
본래 문제가 존재하지 않았습니다.

조금이라도 움직임이 있다면 장사치의 잇속이 발동하는 것입니다.
더 나은 것을 바라는 욕망의 발로입니다.
지금 이렇게 발 딛고 선 실제가 아닌
생각의 환상 속으로 끌려들어가는 일입니다.

문득 잠에서 깨면 그만이지,
다시금 꿈에서 깨어나는 꿈을 꾸지 마십시오.

손을 떼십시오.
그저 텅 빈 마음으로 맞이하십시오.
그저 막힘없이 흘러가게 놔두십시오.

11. 텅 빈 마음

마음은 아무것도 아니면서 모든 것입니다.
있는 그대로 마음이어서 있는 그대로 아무것도 없습니다.

마음이 사라진다는 것은 온통 마음뿐임을 자각하는 일입니다.
버릴 수도 없고 취할 수도 없는 본래 마음만이어서
텅 빈 마음입니다.

텅 빈 마음이면 밖을 향해 취하고 버리는 마음이
일어나지 않습니다.
텅 빈 마음이면 모든 것을 있는 그대로 비춥니다.
텅 빈 마음이면 마음도 없고 번뇌도 따로 없습니다.

모든 것이 마음뿐임이 자명해지고,
마음이 따로 없음이 분명해지면,

그저 모든 일 가운데 일이 없고,
일이 없는 가운데 모든 일을 잘도 합니다.

청소하고, 빨래하고, 설거지합니다.
아이가 울면 달래고, 슬프면 함께 울고, 기쁘면 웃습니다.

그저 그럴 뿐, 이렇다라는 생각이 남아 있지 않습니다.

12. 마음 놓고 이 가을의 향기를 만끽하시길

근원은 하나입니다.
사람이 다르고 생각이 다르고 감정이 다르고
사물이 각양각색입니다만, 근원은 하나입니다.

나의 근원이 따로 없고 너의 근원이 따로 없으며,
저 밖의 모든 것의 근원이 따로 없습니다.

늘 깨어 있고,
늘 생동하고,
늘 만물을 드러내고,
늘 만물을 머금습니다.

사람이 없으며,
사물이 없으며,

감정이 없으며,
생각이 따로 없습니다.

잡으려 해도 잡을 수 없지만
이 잡히지 않는 것이 모든 것을 아우르고 있습니다.

본래 우리는 이 하나이자 모든 것.

이 하나가 드러나면 온 우주가 밝혀지고,
이 하나를 증득하면 온 우주가 깨닫습니다.

빠르고 느림도 없지만 빠르고 느림을 알 상대도 없으니,
빠르고 느림 가운데 아무 일이 없을 뿐.

그저 이러할 뿐이니, 마음 놓고 이 가을의 향기를 만끽하시길.

13. 따끈한 송편 하나

지난 추석 연휴 잘 보내셨나요?
이것뿐입니다.

몸살은 나지 않으셨는지요?
다른 일이 없습니다.

오늘따라 쌀쌀합니다.
역시 그렇군요.

가을 하늘이 높고 가로수 나뭇잎들이
빨갛게 물들기 시작했습니다.
오늘도 분주히 할 일을 생각해 보고 이것저것 준비합니다.
쉼 없이 생각이 일어나지만 아무 일이 없습니다.

오늘과 내일 사이에 시간이 없고,
지금 여기와 내가 다녀온 그곳 사이에 아무런 거리가 없습니다.
눈에 보이는 것이 시시각각 다르고,
귀에 들리는 것이 장소 따라 다르고,
생각은 쉼 없이 올라옵니다.

그러나 이 모든 것의 바탕이 한결같으니 아무 일이 없고,
이 모든 일 그대로가 꿈결 같아서 편안하고 편안합니다.

지난 추석 연휴 고향 다녀오셨습니까?
다녀왔다면 고향을 저버린 것이고,
다녀오지 않았다면 불효막심한 것입니다.

이럴 때 어떻게 하겠습니까?

먹어도 먹어도 모자라지 않은 따끈한 송편 하나 여기 있으니,
옜다! 이거나 맛보십시오.

14. 참된 명상

세속의 무상함을 사무쳐 알아야 합니다.
항상하지 않음을 깊이 들여다봐야 합니다.
조그마한 틈새라도 생기면 세속의 부귀영화, 희로애락이
비집고 들어와 우리를 붙잡을 것입니다.

당장 철저히 보십시오.
어떠한 것도 멈춰 있는 것은 없고,
어떠한 것도 변하지 않는 것은 없습니다.
철저하고 철저하십시오.
이 철저함이 당신을 구원해 줄 것입니다.
이 철두철미함이 당신을 깨어나게 할 것입니다.

적당히 타협하려 하지 마십시오.
진실은 온전한 헌신을 요구할 뿐입니다.

나머지를 두지 않는 사랑을 요구할 뿐입니다.
온전한 깨어남을 요구할 뿐입니다.
매 순간 배수의 진으로 나아가야 합니다.
뒤를 돌아보는 미련이 조금이라도 생긴다면
곧바로 어둠속으로 떨어집니다.

드러나는 모든 것에 미련을 두지 않음이 세속을 떠남입니다.
진정한 떠남은 세속 속에 있으면서
세속의 모든 것에서 손을 떼는 일입니다.
세속이 숲속이고, 가족이 산속이고,
애욕과 증오가 명상의 좋은 터전입니다.
당장 일어나는 모든 것에서, 당장 서 있는 자리에서
명상이어야 합니다.

세속이 세속 아님을 보고, 가족이 가족 아님을 보고,
애욕과 증오가 바로 참된 자신임을 보십시오.
단 한 걸음도 움직이지 마시고 바로 명상하십시오.
단 한 생각이 바로 명상임을 보십시오.
부귀영화와 희로애락의 물결 속에서 명상하십시오.

피해 들어가 쉴 곳은 아무 곳도 없습니다.
당장 눈앞만이 참된 쉴 곳이며 무너지지 않는 터전입니다.
지금 이대로 그대로 참된 명상일 뿐입니다.

15. 참선

이미 선(禪)에 참여하고 있음을 깨닫지 못함은
분별망상에 사로잡혀 있기 때문입니다.
참된 스승이 바로 자기 자신이며, 참된 선을 떠난 적이 없습니다.

바로 자신이 참 스승이고 참 선임을 깨달으려면
분별의 수풀을 꿰뚫어 근본을 볼 수 있어야 합니다.

쉼 없이 흐르는 강물과 같은 분별의 습관에 눈이 멀고,
스스로 일으킨 바다의 격랑과 같은 생각에 사로잡히고,
산의 깊은 골짜기와 같은 무명의 어둠에 어둡고,
쉼 없이 잔소리를 해대는 개울소리같은 속삭임에
눈과 귀가 멉니다.

모든 수풀이 대지를 떠나 있지 않은 것처럼

모든 것이 이 마음바탕 위에 찍힌 그림자와 같음을 볼 일입니다.
본래 강이 있던 적이 없고, 바다의 격랑 또한 마음 위에서
그림자와 같이 펼쳐짐을 보십시오.

깊은 산속 계곡의 어둠이
스스로의 생각에 사로잡힌 어둠임을 보시고,
개울 물소리 같은 크고 작은 속삭임이
그동안 자신도 모르게 사로잡혀 온 분별망상일 뿐임을 보십시오.

본래 강도 없고, 바다도 없고, 산도 없고, 개울도 없습니다.
묘하게 인연 따라 온갖 높고 낮고, 옳고 그르고,
밝고 어두운 일들이 일어나지만,
이 모두가 지금 쓰고 있는 이 마음의 증명일 뿐입니다.

모든 것에서 근본을 돌이킬 수 있다면
이게 참 스승을 만나는 일이고 선에 참여하는 일입니다.

바로 지금 온갖 일이 벌어지고 있습니다.
온갖 헤아림이 안팎에서 일어나고 있습니다.
그 모든 그림자와 같은 것을 돌아보지 마시고
근원으로 회귀하십시오.

마치 연어가 때가 되어 귀향하듯이.

사자가 흙덩이는 돌아보지 않고
흙덩이를 던진 사람을 거침없이 물듯이.
갓난아이가 눈을 감고도 엄마의 냄새를 금방 알아보듯이.
사람들로 혼잡한 저잣거리에서 아들이
아버지의 뒷모습만 보고도 금방 알아보듯이.

모든 일에서 이러할 수 있을 때
참된 스승을 만나는 것이고, 선에 직접 참여하는 일입니다.

16. 몸 바꿀 곳

공(空)도 관념입니다. 공도 내버리십시오.
무(無)도 관념입니다. 무도 보내 버리십시오.

공이라 해도 상관없고, 무라고 해도 상관없고,
보낸다 해도 상관없습니다.
그러저러한 것이 망상일 뿐이니 마음대로 하십시오.

모든 것이 본래 허망한 모습이니
모든 굴레는 이미 벗겨져 있습니다.

마음대로 하십시오.
그러나 마음대로인 가운데 마음만은 돌이킬 줄 알아야 합니다.

이것이 바로 모든 망상이 몸을 바꿀 곳입니다.

17. 몰입과 사랑

진실이란 모든 것에 두루 통하는 하나의 근원입니다.
이것이 참된 자신이고, 이것이 불이(不二)의 실재입니다.

만약 이 하나의 실재에 의문이 있고,
이것을 체험했더라도 미진함을 여전히 느낀다면,
스스로 확인한 자리에 모든 것을 맡기는 자세가 필요합니다.

근원에 대한 열망을 가지고 일상생활을 해 나가야 하고,
일상생활 모든 일이 오직 이 일 하나임을
뚜렷이 볼 수 있어야 합니다.

두루 통하지 못했다는 것은 아직 의구심이 남아 있다는 것입니다.
여전히 스스로에게서 밝혀지지 못한 분별의식이
잠재되어 있는 것입니다.

진실에 대한 속삭임이 남아 있고,
이해해야 할 대목이 있고,
설명이 필요할 것 같은 느낌이 있다면,
스스로가 분별된 시각을 말끔히 걷어 내지 못한 것입니다.

스스로가 모든 것과 하나 되어 막힘없이 통할 때,
마치 모든 말과 행동에 밝은 눈이 달린 것처럼 환해질 것입니다.

모든 것에 차별이 없는 한 개의 눈을 갖추려면,
일상생활 가운데 오직 이 진실에 대한 몰입과 사랑이 필요합니다.

18. 창조

창조는 지금 이 순간 이루어지고 있습니다.
창조는 지금 이 순간 한 생각이 일어나면서 이루어지고 있습니다.
내가 창조하는 것이 아닙니다.
나라는 것도 이미 생각을 통해 창조된 것입니다.

지금 하늘을 생각하면 하늘이 창조되고,
지금 땅을 생각하면 땅이 드러나면서 천지가 생깁니다.
지금 어제를 생각하면 어제가 창조되고,
지금 내일을 생각하면 내일이 드러나면서 시간이 생깁니다.
모든 것이 지금 이 순간 일어난 한 생각을 따라
펼쳐지고 있습니다.

'생각하지 않을 때도 우주는 존재하지 않을까요?'
바로 이 생각으로 인해 우주가 창조되는 것입니다.

'뭔가 이 우주를 창조하는 창조주가 있는 것이 아닐까요?'
이로 인해 창조주가 창조되고 있는 것입니다.

모든 것이 항상 지금 이렇게 창조되고 있을 뿐입니다.
드러난 것이 모두 생각이어서 생각에는 실체가 없습니다.

허망하고 허망한 우주이지만
이 끊임없는 창조의 생동성이 항상한 것입니다.
창조된 어떤 것이 객관적으로 존재한다고 속아 사로잡히면
꿈속에 있으면서 꿈을 실재라고 여기는 것이고,
이 멈춤 없는 창조 가운데서도 그러저러한 실체가 없음을
여실히 본다면 꿈속에 있으면서 밝은 것입니다.

왜 이렇게 세상이 생겼을까요?
이게 바로 허망한 한 생각이고, 알려는 마음이고,
꿈에 속고 싶은 마음입니다.

각고의 노력 끝에 무언가를 알게 되었다고 해도
그 안 것이 실체 없는 생각이기에
모를 때와 아무런 차이가 없습니다.

온 우주의 생성 원리라는 아주 고급스럽고 찬란한 생각을 하든,
오늘 점심을 무얼 먹을지 아주 소박한 생각을 하든

그저 생각일 뿐이고 꿈의 향연입니다.

그러니 지금 이렇게 온갖 생각의 창조가
사실은 아무런 일도 없는 것입니다.

19. 이건 뭘까?

돌아볼 삶이 따로 있다면 이미 생각입니다.
돌아볼 삶이 따로 없다면 생각입니다.
깨닫고 나니 삶이 변화되었다고 말한다면 생각입니다.
깨닫고 나니 하루하루가 가볍고 자유롭다고 한다면
이미 생각과 감정의 일입니다.

만법에 통달하더라도 닦을 게 있다고 한다면
역시 생각의 일입니다.
만법에 통달하고 나니 닦을 게 따로 없다고 한다면
생각의 일입니다.
만법에 완벽히 통달하니 저절로 일행삼매, 일상삼매가
된다고 한다면 역시 생각의 일입니다.
"이 모두가 하나입니다."라고 말한다 해도 이미 생각의 일입니다.

그럼 생각 아닌 것이 있나요?
역시 생각입니다.

그런데 말입니다.
온갖 생각이 이렇게 일어나고 있습니다.
아무런 거리낌 없이 잘도 일어나고 있습니다.
이건 뭐란 말입니까?
생각이 일어나더라도 어떤 생각인지 돌아보지 않을 때,
이것은 뭐란 말입니까?

20. 바로 이 마음

본래 이 마음뿐이어서 달리 구하고 이해할 것이 없습니다.
아무것도 배우지 않은 어린아이 때부터
나이 들어 온갖 것을 아는 지금 이때까지
늘 한결같이 달라지지 않은 것이 바로 이 마음입니다.

마치 허공에 온갖 새들이 날아가고 날아오고
온갖 구름이 흘러가고 흘러오지만,
허공은 예나 지금이나 한결같은 것과 같습니다.

지금 이렇게 온갖 상념이 일어나고 사라집니다.
지금 이렇게 온갖 소리가 나타났다 사라집니다.
지금 이렇게 사물사물이 모습을 달리하며 드러납니다.

드러나는 대상은 각기 다르지만,

이 한 개의 마음은 변함이 없습니다.
이것이 우리 참 면목이고 이것이 온 세상의 근본이며,
이것이 바로 우주이고 우주가 바로 이것입니다.

그러니 달리 배울 것도 없고, 달리 얻을 것도 없습니다.
이 글을 읽음에 이해할 것도 없고, 받아들일 것도 없습니다.

지금 이 글자들이 드러나는 여기.
글자 따라 온갖 상념이 나고 사라지는 바로 이 자리.
바로 지금 이 마음뿐입니다.

21. 지금 이 순간 무슨 일이 벌어지고 있나?

지금 윗집에서 드릴 소리가 끊임없이 들립니다.
간간이 망치질 소리도 들립니다.
온갖 생각이 시간과 공간을 가리지 않고 일어납니다.
오늘 할 일, 내일 할 일, 어제 있었던 일, 속상한 일, 기쁜 일……

사람마다 각자 역할이 다르고 지위가 다르고 할 일이 다르기에,
매 순간 각자 앞에 펼쳐진 일들이 똑같을 수가 없습니다.

그러나 중요한 것은 모든 일이
바로 지금 이렇게 일어나고 있다는 사실입니다.

어떤 일이 일어났다 하면 바로 여기에서
모든 일이 일어나고 있습니다.
사라지더라도 바로 여기에서 사라집니다.

어떤 일이 일어나기 이전에 이것이 먼저이고
어떤 소리, 생각, 느낌, 사물들이 바로 여기에서 드러납니다.

늘 항상 모든 것이 이것의 그림자이고 여기의 표현일 뿐입니다.
그러니 드러나는 것들을 따라갈 필요가 없고
오로지 한결같은 여기에서 마음이 쉴 뿐입니다.
여전히 꿈결처럼 모든 일이 나고 사라지고 있습니다.
그러나 이 모든 것이 다른 일이 아니니,
일어나고 사라진 적이 없습니다.

22. 무엇이 진실인가?

무엇이 진실인가요?
눈에 보이는 그대로 진실이요, 귀에 들리는 그대로 진실입니다.
생각하는 그대로 진실이요, 느껴지는 그대로 진실입니다.

진실을 찾아 길을 나설 필요가 없으니,
발을 떼는 거기에서 확연하여 달리 찾는 마음이 사라질 뿐입니다.

그래도 모르겠습니다. 무엇이 진실인가요?

지금 이렇게 생각하는 것이 진실이지,
달리 생각되어지는 어떤 진실이 있는 것이 아닙니다.

지금 이 순간 한 음절 한 음절,
흰 여백과 검은 글자 사이에 아무런 차별 없이 진실하니,

문장에 담긴 뜻을 따라 어떤 진실을 찾거나 그리지 않습니다.
진실에는 뜻도 없고 소리도 없고 생각되어진 어떤 것도 없지만,
그것 그대로 진실인지라,
찾기 이전에 완전하여 달리 마음을 일으켜 일을 만들지 않습니다.

무엇이 진실인가요?
바로 이것입니다.

23. 지금 이 순간, 무슨 문제가 있습니까?

이 육체가 나라면 삶과 죽음의 굴레에서 벗어날 수 없습니다.
그러나 마음을 깨닫고 보니 이 몸이 내가 아니라,
이 몸이 나임을 비추는 성품이 본래 나였습니다.

온갖 것이 한 생각을 떠나 따로 존재하지 않습니다.
내가 있다고 생각할 때 그것이 있는 것입니다.
그러니 내가 그것의 존재를 창조하고 있으며,
그것의 생사를 손에 쥐고 있는 것입니다.

모든 것의 근원이 나에게로 향하는데, 나는 누구인가요?
나는 누구인가 묻고 있는 이것은 무엇인가요?
어디에 있으며 어떤 모양인가요?
아무리 찾아보아도 흔적이 없습니다.
그러나 온갖 생각이 일어나고 온갖 경험들이 감지됩니다.

그것이 어디에서 일어나는지, 어떤 모양인지 알 수 없으나
지금 당장 눈앞에서 의문과 경험들이
장애 없이 일어나고 있습니다.

지금 이 순간 무슨 문제가 있습니까?
지금 이 순간 온갖 일이 일어나는데 무슨 장애가 있습니까?

모양을 따라가면 모양에 막히고,
냄새를 따라가면 냄새에 사로잡히지만,
모든 것이 드러나는 바탕은 모양에 한정되지 않고
냄새조차 없습니다.

늘 쓰고 있는 이 마음은 어떠한 것에도 물들지 않지만
모든 것이 다 이 속의 일입니다.
나를 포함해 우주의 모든 것이 이 마음임을 실감할 뿐입니다.

여기에는 길도 없고, 깨달음이라는 것도 없고,
삶과 죽음도 따로 없습니다.
길이 여기서 열리고, 깨달음이 여기서 일어나며,
삶과 죽음도 여기에서 한 생각에 드러날 뿐입니다.

당장 이것일 뿐이며, 모든 것이 이것일 뿐입니다.

모든 의문이 녹아 버리고, 모든 행위가 빛을 잃어버립니다.

마음도 놓아 버리고, 떠날 길도 사라집니다.

본래 떠난 적이 없는 여기에서

온갖 일이 벌어지는 듯 보이지만,

그런 일이 없으니 쉬고 또 쉬어질 뿐입니다.

24. 번뇌를 제거하는 묘한 방법

번뇌를 제거하려 하면 제거될 수 없습니다.
번뇌의 참된 제거는 번뇌가 보리임을 깨닫는 것입니다.
지금의 모든 분리된 형태의 것들이
본래 분리 없는 하나임을 깨쳐야 합니다.
분리되었다는 착각이 번뇌의 주범입니다.

따로따로인 것이 그것 그대로 따로따로가 아니었습니다.
그러니 갖가지 번뇌 그대로 하나의 보리임을 깨닫는다면,
번뇌만 제거되는 것이 아니라 삼라만상이 제거되는 것이요,
보리라는 것마저 따로 있지 않을 것입니다.

자기도 따로 없고, 부처도 없고, 생멸도 따로 없습니다.

지금 시시각각 펼쳐지는 내외면의 풍경들이

있는 그대로 하나같이 똑같습니다.
번뇌라는 그 빛깔 그대로 번뇌가 아니며,
나라는 모습 그대로 내가 아니며,
깨닫고 깨닫지 못하여 부처와 중생이 따로 있지만
실상은 없는 것입니다.

죽고 사는 모습 그대로 여여하니,
이것이 영원이며 영생입니다.

곧바로 이 하나의 일임을 꿰뚫을 수 있다면,
바위에서 꽃이 필 것이고,
땅 속을 날아다니며,
파도가 하늘 위에서 물결칠 것입니다.

25. 일삼을 수 없는 비방

이것은 모양이 없으니 어느 누구도 엿볼 수 없습니다.
참된 자신은 어느 누구도 찾지 못하니 비방을 일삼을 수 없습니다.

아무리 많은 비방을 하여도 오염되지 않으며,
아무리 많은 사람이 찾아보려 해도
나조차 알 수 없어서 영향을 받지 않습니다.

비방을 하여도 그가 하는 것이 아니고,
헐뜯는 것도 그가 하는 것이 아닙니다.
그의 입으로 드러난 자기 입이며,
그의 비방으로 드러난 자기 생각입니다.

모든 것이 이것의 묘용이니 스스로를 괴롭히지는 마십시오.
괴롭히더라도 그런 일이 없는 괴롭힘일 뿐입니다.

온갖 만상이 다종다양하게 펼쳐지나
아무 일이 없는 것이고,
온갖 세간사가 생사고락을 일으키는 듯 보이나
일어난 적이 없습니다.

스스로 참된 자리에서 자재하게 삼라만상 속을 노닐 뿐입니다.

하늘을 날고 땅을 걷지만, 하늘을 걷고 땅속을 날아다닙니다.
아무런 장애 없이 막힘없이 통하고 있습니다.

26. 나를 보는 일

나를 보는 데 무슨 수행이 필요할까요?
나를 확인하는 데 무슨 시간과 장소가 필요할까요?
스스로를 봄은 아무런 수단과 도구를 요구하지 않습니다.

문득 한 번이라도 제대로 보기만 한다면,
이 한 개의 시선을 결코 잊지 못할 것입니다.
늘 쓰고 있고, 풍덩 빠져 있고, 언제 어디서나 항상한 이것을
벗어난 적이 없었지만, 관심을 두지 않았고
돌아볼 생각조차 하지 않았습니다.

그러니 문득 돌이킨다면 영원히 떠날 수 없고,
떠난 적이 없음을 깨닫게 됩니다.
이것이 드러남으로써
그동안 뒤집어졌던 시각이 바로잡혀 갈 것입니다.

나의 깨달음, 나의 진실이 아니라,
깨달음의 나이고, 진실 속의 나였습니다.
온 우주가 이것의 우주였습니다.

모든 것의 시원이 바로 자신이고,
모든 것의 종말이 바로 자신임을 보게 될 것입니다.

거울 속의 나를 나라고 여겼음을 돌아보게 될 것이고,
거울 속의 그대를 당신이라고 여겼음을 돌아보게 될 것입니다.
그러나 한 개의 모양 없는 거울일 뿐이어서
나인 나이고 너인 나였습니다.
모두가 평등해서 너인 나이고 나인 너였습니다.

이 한 개의 진실이 변함없을 뿐,
변화하는 모든 것은 그저 이것의 변용입니다.
일거수일투족에서 틈새 없이 곧바로 확인할 것이며,
말 한마디 함에, 숨 한 번 쉼에 이것을 보십시오.
철저히 확인하고, 철저히 밝아져서 저절로 무심해져 버리면
이것이라는 망념도 일어나지 않을 것입니다.

이것마저 따로 없어질 때 온 우주 그대로 이것이며,
온 우주가 이것일 때 하나하나가 틈새 없이
바로 이 일일 뿐입니다.

27. 부처와 마귀

삶과 죽음이 생각일 뿐임을 받아들일 수 있습니까?
삶과 죽음은 생각을 거치지 않고는 드러날 수 없습니다.

생각은 어디에서 일어나나요?
지금 바로 여기, 텅 빈 여기입니다.
여기에서 끊임없이 생동하고 있습니다.
여기에서 온갖 운동성으로 드러나나,
그 드러남이 본래 근본과 다르지 않아,
드러나는 듯 드러나지 않고, 사라지는 듯 사라지지 않습니다.

본래 아무 일이 없어 공적하지만,
온갖 변화를 멈추지 않는 이 일.
온 우주 삼라만상이 이 일 하나임을 깨달을 뿐입니다.
지금 당장 온갖 일이 일어나도 이 일 하나뿐임을 안다면,

부처와 마귀가 출현하더라도 침범할 수 없습니다.

부처와 마귀를 없앨 필요도 없습니다.
부처가 오면 부처를 보고, 마귀가 오면 마귀를 보고,
즐거움이 오면 즐거움을 맞이하고,
고난이 오면 고난을 맞이하여도,
본 것도 없고 맞이한 것도 없어서
본래 아무런 변화가 없는 것입니다.

깨달음이란 얻고 쟁취하는 물건이 아니라,
모든 것이 알 수 없는 이것임을 보고,
'나' 조차 따로 돌아보지 않는 일입니다.

나와 삶과 죽음이 지금 당장 우리의 시야를 벗어난 일이 아니며,
부처와 마귀가 당장 이 일입니다.
모든 것의 근원은 구중심처에 있는 것도 아니고,
저 멀리 아득히 동떨어진 곳에 따로 있는 것도 아닙니다.
지금 시시각각 일어나는 생각이 생각이자 생각이 아닌 것이요,
느낌이 느낌이자 느낌이 아닌 것이요,
사물이 사물이자 사물이 아닌 것입니다.

드러나는 현상 모든 것이 그것이자 그것이 아닌 것입니다.
당장 그러함을 볼 뿐이지 이리저리 헤아리지 마십시오.

28. 여섯 길의 윤회

생각 생각에 생각이 있어,
그것을 따라 굴러가니 여섯 세계가 열립니다.
마음의 지옥이요, 마음의 아귀요, 마음의 축생이며,
마음의 아수라요, 마음의 인간이요, 마음의 천상입니다.

생각 생각에 생각이 없기만 하면, 여섯 길이 열리더라도
그저 마음일 뿐입니다.
지옥이 지옥이 아니고, 아귀가 아귀가 아니며,
축생이 축생이 아니고, 아수라가 아수라가 아니며,
인간이 인간이 아니고, 천상이 천상이 아닙니다.

지금 이렇듯 마음이 일어나는 가운데 마음뿐이냐,
지금 이렇듯 마음이 일어나는 가운데 여러 가지가 있느냐.

그저 마음뿐이라 하더라도 마음뿐이라는 생각에 머무른다면
역시 육도윤회의 조짐입니다.

어떠한 일이 일어나도 어떠한 일이 아니고,
어떠한 일이 일어나지 않더라도
어떠한 일이 일어나지 아니한 게 아니라면,
달리 애써 지키고 해야 할 일이 없습니다.

졸리면 자고, 잠깨면 일어나고, 배고프면 밥 먹고,
찌뿌드드하면 기지개를 펴고, 기쁘면 웃고, 슬프면 울고,
아프면 치료하고, 가벼우면 뛰어다니고, 피곤하면 쉴 뿐입니다.

어떤 갈망을 채워 줄 뾰족한 도(道)가 따로 없습니다.
모든 것이 그것 그대로 다르지 않기 때문입니다.

이 일을 깨친다면 갈망은 저절로 쉬어질 것이고,
모든 것에서 부족하지 않을 것입니다.
어떤 도리를 따로 구하는 순간 육도윤회에 들어가니
늘 정신 차릴 일입니다.

옛날 서암사언 화상은 매일 스스로
"주인공아!" 하고 부르고
다시 스스로 "예!" 하고 대답하였습니다.

이어서

"깨어 있어라!"

"예!"

"훗날 남들에게 속지 마라!"

"예, 예!" 하고 말하였다 합니다.

29. 값을 매길 수 없는 보물

수돗물이 똑똑똑 떨어지는 소리가 들립니다.
보물이 쓰이고 있습니다.

손을 들어 눈을 비빕니다.
값을 매길 수 없는 보물이 작용하나
모양이 없으니 닳지도 않고 줄지도 않습니다.

목이 컬컬하여 기침을 한번 해 봅니다.
잘도 춤을 추고 있습니다.

갑자기 배가 고픈 느낌이 일어나고, 무엇을 먹을까 생각이
일어납니다. 때에 맞추어 저절로 알아서 활동합니다.
발걸음을 옮겨 냉장고 문을 열고 무엇이 있는지 살펴봅니다.
처음부터 끝까지 빈틈없이 잘도 굴러갑니다.

창밖으로 날씨를 살피며 파란 하늘 끝을 따라가다 지난날이
떠오릅니다. 지난 삶이 저절로 살아 움직이고, 오늘 할 일이
눈앞에 펼쳐집니다. 사람의 존재가 무엇인지 생각해 보고,
삶이란 어떤 의미가 있는지 궁구해 봅니다.
노란빛을 살그머니 띠기 시작하는 나뭇잎들을 보며
자연의 변천을 생각합니다.

온통 쉼 없이 쓰이고 있습니다.

지금 당장 눈앞을 보든, 먼 미래를 생각하든,
아득하기만 할 것 같은 인생의 끝을 생각하든
모두가 지금 이렇게 펼쳐지고 있습니다.

늘 이 허공과 같은 지금 당장 여기에서 온갖 삶의 파노라마,
자연과 인류와 우주의 생성변화가 드러나고 있습니다.

이 한정 없는 보물, 값을 매길 수 없는 보물, 크기가 없는 보물,
전체인 이것이 일어나는 듯 일어나지 않고
사라지는 듯 사라지지 않고 있을 뿐입니다.

당장 이 일입니다.
달리 마음을 일으켜 두리번거린다면, 그림자에 속아
결코 확인되지 않을 것입니다.

30. 당장 이 일

스스로에게 물어보십시오.

무엇인가 미진한 구석은 없는가?
모르는 바가 따로 있지 않은가?
지금 이렇게 드러난 세계 이외에,
밝히지 못한 세계가 따로 있는 듯하지 않은가?
모든 것이 당장 이 일임이 확실한가?
돌아서면 무언가 가슴 한켠에 밝지 못한 것이 있지 않은가?

조금의 헤아림이 남아 있다면 아직 뚜렷이 밝지 못한 것입니다.
시간이 지나면 저절로 분명해질 것이라는 미련이 있다면,
지금 어두운 것입니다.
이미 서 있는 자리가 이미 도달한 자리입니다.

조금이라도 발걸음을 옮겨갈 곳이 있다면 그것이 미혹입니다.
본래 완전하여 움직인 바가 없으며, 옮아갈 자리가 따로 없습니다.
지금 서 있는 자리가 발을 뗄 수 없는 자리이고,
지금 서 있는 자리에서 미련의 망념이 일어나고 있을 뿐입니다.

지위가 있는 듯하고 어떤 상태가 따로 있을 것 같다면,
놓아 버리십시오.
이것이 의식과 감각의 환영에 넘어간 것입니다.
바로 지금 온갖 것들이 피어오르는 여기.

여기가 헤아림의 시작이자 끝입니다.
여기가 세계의 시작이자 끝입니다.
당장 이 자리일 뿐이고, 당장 이 일입니다.

31. 법음

이 세상에 오로지 나 홀로 들을 수 있다면,
다른 사람을 두지 않고 듣는다면,
들을 어떤 것 없이 들을 수 있다면,
어떠한 자취도 없이 들을 수 있다면,
이 모든 것 그대로 법음(法音)입니다.

실재는 이 이름 붙일 수 없는 하나이며,
알 수 없는 이 일이며,
알 수 없다는 바로 이 일뿐입니다.
법음을 따로 두지 않고, 듣는 일을 따로 두지 않습니다.
온 세상이 바로 지금 쓰는 이 마음 하나로
꿈결처럼 드러나고 있습니다.

당장에 헤아림을 놓아 버릴 수 있다면,

바로 그 자리가 법음의 자리이고,
당장 구하는 마음이 사라진다면,
바로 그 자리가 열반이고 적멸입니다.

분열된 세계 속에서 구하는 마음이 끊이지 않는 것이
어두운 모습이라면, 온갖 분리 속에서도 아무런 구함도 없고,
구할 것도 없음이 분명한 것이 밝고도 밝은 일입니다.

우리 존재 자체는 지금 서 있는 자리가 전부입니다.
이 모양 없고 위치 없지만 분명한 하나의 일이
온갖 시공간으로 드러날 뿐입니다.
그러니 아무것도 아닌 것이 전체이고, 전체가 스스로이며,
스스로가 본래 아무것도 아닌 일입니다.

바로 지금 당장 우리가 마주한 세계 그대로가 그렇습니다.
모두가 하나여서 배우는 마음이 끊어지고,
구하는 마음이 사라지고,
나아갈 길이 사라져 버릴 뿐입니다.

도(道)란 애써 염두에 둘 무엇이 아닙니다.
세계 속에서 구하는 마음이 끊이지 않는 것이
그런저런 애씀과 아무런 상관없이 늘, 저절로, 일 없이
한 가지 소리만을 내고 있는 당장 이것일 뿐입니다.

32. 본래 그랬구나!

헛웃음이 나옵니다.
이리도 쉽고 간단한 것을…….

그러나 공부 과정 중에는 갈피를 못 잡고,
한 번도 가 본 적이 없는 길을 홀로 걷는 듯합니다.

문득 모든 것이 이미 완전하여 구할 것이 없음이 자각되면
모든 일이 꿈결처럼 보입니다.

'이미 그러하기에 단박 구하는 마음이 사라져 버리면 되었을 것을,
무수한 시간 헛되이 찾아왔구나.'

'단박 모든 것 놓아 버리면 될 것을, 놓아 버리려고 애써 왔구나.'

생각이 물들 수 없는 자리를 확인하고는 거기에서 모든 것이
사라져 버리면 그만입니다.
사라져 버린다는 것은 있는 그대로인 채
없는 것이 되어 버리는 것입니다.

본래 그러한데, 생각이 자꾸 있는 듯한 느낌을 부추기고,
구해야 할 것 같고 뭔가 따로 있는 것 같은 냄새를 피웁니다.
이게 병일 뿐 본래 아무 일이 없었습니다.

특히 '나' 라는 한 생각은 끈덕지게 남습니다.
평생을 믿어 왔고 거기에 부림을 당했던 터라
이 습성이 쉽게 사라지지 않습니다.

간혹 거대한 폭풍우처럼 덮쳐 와 광기에 사로잡히게도 합니다.
그러나 언제나 자기 마음바탕으로 회향해야 합니다.

밖에 문제가 있는 게 아니고, 밖에 무엇이 있는 게 아닙니다.
모든 것이 자기 마음바탕 위에 찍힌 그림자들입니다.

끈질기게 따라붙고 변신하는 분별의 습관을 뚜렷이 보아
속지 않는다면, 이것은 저절로 힘을 잃을 것입니다.

그저 매 순간 조작 없이 있는 그대로를 보는 것 외에

달리 방법이 없습니다.

분별의 구름이 말끔히 걷히고 보면 온통 하나로 밝아 있었음을
의심 없이 받아들일 수 있게 됩니다.

아하! 모든 게 꿈이었구나.
그저 스스로의 망상분별에 속았을 뿐, 본래 아무 일이 없었구나.

33. 땅땅땅!

모두가 깨달음의 본성을 가지고 있으나
이것을 깨닫지 못하면 밖을 향해 이리저리 찾아 나섭니다.

밖이란 모양을 따라가는 것입니다.
지금 여기가 아닌 다른 순간이고,
지금 여기가 아닌 다른 지위이며,
지금 이대로가 아닌 다른 정신적인 상태입니다.

지금 이대로 모든 것이 아무런 차별 없이 자기 성품을 떠나지 않았습니다. 자기 성품이란 지금 이렇게 내가 나인 줄도 알고 컵이 컵인 줄도 아는 이것입니다.

모양이 없고 위치가 없으나 없는 것도 아니어서,
없으면 없는 것을 잘 드러내고, 있으면 있는 것을 잘 드러냅니다.

기쁨도 장애 없이 드러내고, 슬픔도 막힘없이 드러냅니다.
생각도 장애 없이 펼칠 줄 알고,
감정도 다양하게 드러낼 수 있습니다.

지금 당장 이 참된 바탕을 보십시오.
이 하나가 모든 것으로 드러나고 있습니다.
모두가 깨달음의 성품을 갖추고 있으나 밖을 향해 찾고 있습니다.
이 찾고 있는 자기일 뿐입니다.
마음이 무엇일까? 하는 것이 모든 것의 바탕입니다.

사물을 따라가지 않고
생각을 따라가지 않고,
감정을 따라가지 않고,
이 말조차 따라가지 않을 때 무엇입니까?

땅땅땅!
바로 이것이 전부입니다.

마음도 아니고 경계도 아닙니다.
깨달음도 아니고 본성도 아닙니다.
이 모든 이름을 가능하게 하는 살아 있는 이것!

땅땅땅!

34. 언제 헤어진 적이 있던가?

그대와 언제 헤어진 적 있던가요?
늘 하나였음을.
그도 너무 멀어 하나도 아니었음을.

오늘 따라 창문 밖으로 아이들의 재잘거림이 큽니다.
밀린 빨래를 돌리고 이리저리 헝클어진 옷가지를 정리하고,
뽀얗게 쌓인 바닥 먼지를 청소기로 빨아들입니다.
오늘도 어제처럼 설거지를 하면서 흥얼흥얼.

그대와 이별한 적 없는 만남,
만남도 잊어버린 삶 속에서
언제나 그대를 보고,
언제나 그대를 들으며,
언제나 그대를 생각합니다.

늘 함께여서 두렵지 않고,

따로 보이지 않으니 오히려 안심이 되는.

조잘조잘

윙윙

쓰윽쓰윽

솨솨솨.

조잘 조잘

윙윙

스윽스윽

솨솨솨.

에필로그

깨달음이란 말은 제게 영원하고 멀게만 느껴졌습니다. 평범한 사람이 범접할 수 없는 세계이며, 깨달음을 성취한 사람은 지금 여기가 아닌 특별한 정신세계에서 특별한 능력을 발휘하며 산다고 여겼습니다. 그래서 깨달음이란 나와 아무 상관없는 일이며 아무나 성취할 수 없는 일이라고 밀쳐놓았습니다.

그러던 제가 오로지 제 문제에 관심을 갖고 들어가다 보니 이제 새삼 아무 말도 아닌 것이 되어 버렸습니다. 신비감, 거리감, 찬란함, 특별함 등 온갖 고귀한 포장이 벗겨져서 지금 이렇게 숨을 쉬고 자판을 두드리는 일과 차이가 없어져 버렸습니다. 깨달음이란 그저 일상의 비의(秘義)들이 벗겨지는 일이었습니다. 스스로 사로잡혔던 생각의 꿈에서 깨어날 뿐 특별한 능력도, 월등한 지식도, 신비한 정신세계도 아닙니다.

깨달은 사람이라고 삼시 세끼 밥을 안 먹는 것도 아니며, 때가 되어 화장실에 가지 않는 사람도 아닙니다. 채식만 하는 사람도 아니고 장좌불와를 해야 하는 사람도 아닙니다. 괴로우면 괴롭고, 슬프면 슬픕니다. 안타까운 사연을 들으면 가슴 아프고, 때에 따라 아프기도 하고 사랑도 느낍니다. 바람이 차고 더운 줄도 잘 알고, 돌부리에 걸려 넘어지면 너무 아파 눈물도 찔끔 납니다.

저와 그가 아무런 차이가 없고, 여러분과 그가 아무 다른 것이 없습니다. 똑같이 느낄 줄 알고 볼 줄 알며, 하늘은 위에 있고 땅은 아래에 있는 세상에 살고 있습니다. 이런저런 생각도 잘 하고, 해결해야 할 일이 있으면 고민하며 문제 해결에 몰두합니다.

다만 다른 것이 있다면, 이 모두가 꿈이자 이 꿈 하나로 진실이라는 사실을 깨달았을 뿐입니다. 이 모든 것이 한 점 예외 없이 지금 쓰고 있는 이 마음임을 깨달았다는 것입니다.

불교에 대한 지식이 필요하지 않고, 영성 서적을 굳이 탐독할 필요가 없습니다. 선방에 가서 몇 철을 날 필요도 없고, 특별한 식사와 단련, 수행을 요구하지도 않습니다.

그저 진실에 대한 열망과 스스로를 있는 그대로 볼 수 있는 용기만 있다면 누구나 가능합니다. 결혼하여 아이를 낳고 살림하던 아줌마가 단지 진실에 대한 궁금증 하나로 법문을 듣기 시작한 것이 선택의 전부였습니다. 진실이 있다는 말을 듣고 그것이 바로 이 손가락 드는 일이라는 것에 몰입해 들어갔을 뿐입니다.

이제 길은 사라졌습니다. 공부가 바로 삶 그대로라는 사실을 깨달은 순간, 길은 본래 없었음을 보았습니다. 이미 사방팔방 온 우주에 가득한 진실 속에 세속 삶의 꿈과 탈세속 공부의 꿈을 꾸고 있었음을 보았습니다. 진실은 어두울 때나 밝을 때나 떨어져 있던 적이 없었습니다. 이미 이 나뉨 없는 하나 속에 풍덩 빠져 있었습니다.

누구나 가능합니다. 어렵지 않습니다. 가슴속에 품고 있는, 간혹 스쳐 지나가듯이 일어나는 '진실이 무엇일까?' 혹은 '나는 누구인가?' 라는 의문에 귀 기울일 수만 있다면 말입니다.

아무런 준비도 필요 없습니다. 진실은 바로 눈앞에 이미 당도해 있으니까요.

달그락 달그락 달그락!
오늘도 설거지를 합니다.

감사의 글

미진함이 사라지고 나니
저절로 온 우주에 고개 숙여집니다.

이 공부는 감사라는 단어와 퍽이나 어울리는 것 같습니다.

질곡의 삶이 감사하고, 이러한 길이 있음을 예부터 꾸준히 알려 주신 성인과 선지식들에게 감사하고, 육체를 가진 스승으로서 이 길을 몸소 걸으면서 구체적이고, 세밀하며, 흔들림 없이 가르쳐 주신 스승님께 감사하고, 지금의 인연을 있게 해 준 온 우주 삼라만상에 두 손 모으게 됩니다.

자연이 스승이고, 모든 선연과 악연이 스승이고,

일상생활이 스승이고, 공부를 즐겁게 할 수 있도록 함께 해 주시는 도반들이 스승이고, 마음을 졸이며 지켜봐야 하는 자식이 스승이고, 든든한 도반이자 남편이 스승이고, 가깝고 먼 분들이 스승입니다.

제겐 스승밖에 없습니다.

먼지 하나하나, 날리는 송홧가루의 희부윰한 티끌들.

범어사 길의 고적함, 가끔씩 들려오는 등산객들의 수다 소리.

멀리서 들리는 새소리.

푸른 하늘, 불어오는 바람, 흔들리는 나뭇잎들.

감사합니다.

나조차도 예외가 아니어서 달리 따로 바라볼 존재들이 없습니다.

온 세상에 두 손 모아 감사드립니다.

상세 차례

3장 지금 이 순간, 무슨 문제 있나?

4장 당장 이 일